JN001794

笑顔と、生きることと、明日を

大林宣彦との六十年

大林恭子
Obayashi Kyoko

春陽堂書店

目次

まえがき

大林宣彦監督に初めてお目にかかったのは1992年、群馬県の高崎映画祭の授賞式に監督が出席された時でした。監督は授賞式に遅刻して来られました。「生まれて初めて寝過ごし、遅刻した人の気持ちがよーく分かりました」と会場を笑わせた後、こう続けました。「今日から、私の映画は、ひとつ優しくなります」。この言葉には、私たちが大林監督の映画に惹かれる理由が凝縮されていました。大林監督の作品は、どれも無限大の優しさにあふれています。以来、私は大林映画の熱烈なファンであると同時に、大林宣彦の熱烈なファンにもなりました。そこから映画記者として30年近く、機会を見つけてはお話をうかがいに監督のもとへと押しかけてきました。

大林監督にお目にかかる際には、常に恭子さんがそばにいました。家庭では可愛い奥さまとして、仕事の場では敏腕プロデューサーとして、お二人は24時間一緒にいらして、しかも、変わりなくとても仲睦まじい。それがタイトルにもあるように、60年も続いた。凡人には考えられないことではないでしょうか。お二人は、夫婦としてどんな関係を築いてきたのか。大林映画で恭子さんはどんな役割を果たしてきたのか。恭子さんにぜひお話をうかがいたいと思いました。

大林監督は恭子さんのことをどう思っていたのか。2018年、恭子さんが山路ふみ子映画功労賞に選ばれた時、授賞式で語った言葉を紹介しておきます。「失ったもの、愛おしいもの、記憶して伝えなければならないこと、そういうものについて懸命に夢を追ってきた人です。映画とはプロデューサーが作るものでありまして、私は敷いてくれたレールの上を進み、渾身の力を込めて映画にしてきただけであります。映画は過去の歴史を変えることはできませんが、未来の歴史を変えることはできます。庶民の味方である映画というものにはそういう力があります。それを信じて、若い皆さんは映画を作ってほしい。戦争なんかのない、みんなが仲良く暮らせる時代を作ってください。大林宣彦と恭子が映画に託する何よりの願いであります」

恭子さんはとても謙虚な方です。自分の功績をことさら語りたてるタイプでは全くありません。ですから、実際には、本書で恭子さんが話していることの何十倍も、大林映画における恭子さんの役割は大きいと思います。それでも本書には、大林映画に恭子さんの果たしてこられたことのエッセンス、そして夫婦の仲睦まじさの秘訣が入っていると思います。大笑いしたり、しみじみしたりしながら読んでいただけると、とてもうれしいです。

聞き手・朝日新聞編集委員　石飛徳樹

聞き手——石飛徳樹
写真提供——大林恭子
大林千茱萸
協力——大林宣彦事務所
ブックデザイン——髙林昭太

笑顔と、生きることと、明日を

大林宣彦との六十年

大林恭子

メラニーのように優しくありたい、スカーレットのように強くありたい

——空襲の記憶、成城大学入学まで

――恭子さんのお誕生日は1938年11月25日ですね。東京でお生まれなんですか。

ええ。東大病院で生まれました。兄が3人、姉が1人の5人兄妹でした。みんな東大病院だったと聞いてます。自宅は椎名町4丁目（現豊島区）にありました。東京の記憶と言えば、やはり東京大空襲です。1945年3月10日夜の東京大空襲の時、私は6歳でした。

――原体験が東京大空襲だったというのは、これまでも語っていらっしゃいますね。

あの時の光景は今でも総天然色で思い出します。椎名町も焼け野原になりました。父がね、2階の窓を外して、雨戸もすべて外して、「恭子、2階に上がって来なさい。この光景を見ておきなさい」って言ったんですよ。何かと思ったら、B29爆撃機が、「29」っていう数字が見えるぐらい低く、ばあっと連隊で飛んでいて、火の玉のような焼夷弾が雨のように降ってきていました。そして、外は全部、真っ赤な火の海。建物が黒いシルエットになっていました。

――子供心には強烈ですね。

私は小学校に上がる直前でしたから、すでにランドセルを買ってもらっていました。いつ空襲警報が鳴ってもいいように、新しいランドセルを枕元に置いて寝ていました。空襲が始まった時、私はお姉ちゃんと一緒に1階の軒下にいました。軒下にいるとね、爆弾がそばに落ちると、ガラス窓が全部割れて落っこってくるんですよ。それで父が危ないから、「2階に上がって来なさい。とても綺麗だよ」っていう言い方をしたんですよ。確かに「綺麗だな」とも感じました。火の海なんですけどね。そしたら、その地区のお巡りさんが回ってきて、「羽生さん（恭子さんの旧姓）、逃げてください。もう危ないですから」って言われてやっと逃げたの。水をかけた防空頭巾をかぶり、お兄ちゃんにおんぶされて逃げ回りました。

――逃げる場所はあったんですか。

小学校の校庭です。近所の人たちもみんな逃げてきていました。おうちは焼けちゃいました。でもなぜか父が作った防空壕は助かったんですよ。近くの防空壕はみんな駄目になっていました。椎名町4丁目は焼け野原になっていました。「不発弾が見つかった」っていう声を聞いたり、ちっちゃなトラックが来て、死体だとか何かをスコップで積んで去っていくのを見たりしました。あとね、ガスの青白い炎があちらこちらから出ていました。そうそう、焼け跡で思い出したことがいくつかあります。上野の方まで焼野原でしたから、お兄ちゃんが上野駅に疎開のための汽車の切符を買いに行くのですが、行ってらっしゃいといつまでも手を振っていた記憶があります。

もう一つ、おうちの台所に里芋のいっぱい入ったガンガラがあったんです。ガンガラって、ブリキの缶のことです。空襲の翌日にね、その里芋が蒸し焼きになって、ちょうどいい具合に焦げていてね、とても美味しかったの。焼け出された近所の人たちとみんなでホクホクいただいたんです。

うちのそばに教会があったんですけど、近所ではその教会だけが焼け残っていました。それが不思議で仕方がありませんでした。小さかった私は、「神様っているんだな」って信じちゃいました。まあ、教会のある場所は、大きな雑木林に囲まれていたんですね。だから、上空から見ると、たぶん教会だと分かるわけですね。だからB29も爆撃を避けたんじゃないんでしょうか。

——あ、なるほど。

もう一つ思い出しました。2番目のお兄ちゃんは空襲の数日前にね、蒙古から帰ってきたんです。

——蒙古から?

ええ。私の兄3人はみんな講道館で柔道をやっていたんです。1番上のお兄ちゃんは海軍航空隊で戦死しました。2番目のお兄ちゃんは勉強が大嫌いでね、15歳で蒙古に渡って、柔道教えてたの。15歳ですよ!

——おお！　それはすごい。

そのお兄ちゃんが蒙古から、今で言うロースハムの塊をおみやげに持って帰ってきたんです。あの頃、ロースハムはまだ珍しかったんです。それを空襲の前々日ぐらいに家族みんなでいただいたのを覚えています。とってもおいしかったから……。

——食べ物の記憶が多いですね。

そうですね（笑）。でもね、空襲の体験が強すぎて、その前のことはあまり思い出せないんです。おうちの前で子供たちとラジオ体操をしたことや、お隣に日本画家が住んでいて、確か浅井さんと記憶しています。そこの男の子と遊んだこと。紙芝居が来て、おうちの前でいつも見たこと、そのくらいです。あとは、ラジオから聞こえるエノケン（榎本健一）さんや（柳家）金語楼さんの声、豆腐屋さんのプーというラッパの音……。私が生まれた翌年に第2次世界大戦が始まっているんですよね。東京大空襲では10万人以上が亡くなっていて、その中にね、私と同じような子供たちが大勢いたと思う。私はその子たちに生かされてると、思うんです。

——大林監督の映画は、戦争というのがずっと大きなテーマになっていました。「この空の花—長岡花火物語」（12年）は、新潟県長岡市の空襲の話でしたね。

「この空の花」の時は、ずいぶん私の話を映像化しています。監督はね、広島ですけど尾道ですから、原爆にも空襲にも遭っていないんです。向かいの島にレンガつくりの捕虜収容所があったからでしょうか。私に、父が「この火の海をしっかり見ておきなさい」と言ったのは、「ずっと覚えておきなさい」ということだったんですね。あの時、ちゃんと見ていなかったら、いま、こうしてお話しお伝えすることは出来ないですね。見ておいて本当に良かったと思っています。

——空襲で焼け出された後はどうされたんですか。

親戚がいる秋田に疎開しました。なんかすごい御用列車みたいなので疎開しましたよ。伯父が宮内庁の大膳にいたんですよね。そのせいかしらとか思ったんですけど。天皇陛下が乗るような汽車に乗って疎開したように記憶しています。終戦は秋田で迎えました。おうちの庭でお隣のうちのラジオから、天皇のお声を聞きました。秋田には親戚がたくさんいまして、父は親戚の製材会社に勤めることになりました。父は戦前、住友銀行大阪本店に勤めていました。京都から毎日ハイヤーで通ったそうです。いい時代ですね。私ね、戦後「お父さんの会社だよ」って言われて、丸ビルの住友銀行に一度連れて行かれたことがありました。「丸ビルは空襲で焼けなかったんだよ」って。だから、父はやっぱり東京に戻ろうと思ってたんでしょうね。毎月のようにね、上京していました。昔の東京商科大学、今の一橋大学のボート部出身だったようです。如水会館に用があったみたいで、帰りに必ず三越だとか高島屋に寄って、おみやげを買ってきてくれました。ある時のおみやげが、丸善で買ってきた「小公女」でした。「小公子」が最初だったかな、次が「小公女」だったか。小学一年生だったから、もう覚えてます。毎日寝る前に必ず読んでました。ほかに読む本はありませんでした。

――三越に丸善。東京の薫りがしますね。まだモノのない時代ですよね。

ある時、父が三越からかな、真っ黒いビロードのワンピース、白いレースの襟がついたワンピースを買ってきてくれました。それを着て学校に行ったら、男の子たちから「ビロード、ビロード」って、さんざん意地悪をされました。革靴を買ってきてもらって履いていくと、「革靴、革靴」ってはやし立てられて。疎開組はシャツだとかの配給があると、真っ先にもらうことになるんですよ。それがすごく嫌でしたね。そりゃあ、意地悪されますよね。教室に1人で閉じ込められたこともありました。

――転校生いじめですね。

まだ、いじめという風に言ってない時代でした。昔の机は天板が開いて、そこにノートや教科書を入れていたんですけど、私の前にいる男の子をその天板で殴ったりしていました（笑）。

――負けていなかったんですね。それは素晴らしい！

今どうしてるかな（笑）。本当に意地悪されましたけど、後から仲良くなりました。卒業してからは男の子たちに「ごめんね」って言われて、「うん、許してあげる」みたいなことがありました。

――お父さまは東京に戻られたのですか。

いいえ。戻りませんでした。父が秋田に残る決心をしたのは一番上の兄が戦死したからじゃないかと思うんです。兄妹の中で一番優秀だった息子を亡くしてしまったからかな、と。父が当時、小学生だった私に教えてくれた言葉が印象に残っています。「フロンティアスピリット」と「エポックメイキング」という言葉でした。たしか、散歩の途中だったと思います。「これからは恭子たちが時代を切り開いていくんだよ」って。

――大林監督と恭子さんは、フロンティアスピリットで映画界のエポックメイクをしましたね。お父さまの教えだったのですね。

そっか。いや、そこまではあれですけど（笑）。1回しか言われていないと思うんだけど、なぜか鮮明に覚えているんですよね。

――じゃあ、中学と高校も秋田だったのですか。

そうです。大館市の北にある釈迦内村の釈迦内小学校と釈迦内中学校を卒業しました。当時は、釈迦内からまた30分ぐらい行った獅子ケ森っていう所に伯父が製材所を持っており、その会社の社宅に住んでいました。獅子ケ森っていう山があってね、父はその山に桜を植えたり、東屋を建てたり獅子ケ森公園を作ったんです。面白い父だったんですよ。社宅には主に県外から仕事に来た人たちが住んでいました。

――その頃は、映画をご覧になっていたんですか?

いいえ、小学校の頃は見ていないですね。映画といえば、学校に移動上映が来て、講堂で見るものでした。何を見たか全然覚えていない（笑）。私が一番覚えているのは、中学の時かな、あの頃はね、田舎だったけれども、映画館がね、5館か6館あったんです。そういえば、大館には御成座という古い映画館が今も営業していて、先日、羽生家400年祭があり、帰った時に寄ってきました。大林のサインが置いてあるんですよ。あの頃は、松竹、東宝、大映、東映、あと洋画館が二つぐらい。だから5、6館あったんですね。テレビのない時代ですから、どんなちっちゃな町でも、映画館がありました。私が一番最初に見た洋画が、「マイ・フーリッシュ・ハート」っていう作品でした。スーザン・ヘイワードが主演でした。「愚かなりし我が心」（53年）という邦題に惹かれたんです。初めて覚えた英語が「マイ・フーリッシュ・ハート」。一体なんていう言葉を覚えたんだろう、と思っちゃうんですけどね。私ってそうだわ、きっと。

――いえいえ、そんなことはありません（笑）。

ずっと付いて回っていますよ（笑）。それは中学でしたが、高校は大館鳳鳴高等学校という進学校に入ったんです。男の子が４００人ぐらいいる中、女性は27人しかいなかったんです。ですから、先生は「君たちは男を見る目ができるぞ」って（笑）。勉強に明け暮れて、映画なんかほとんど見なかったですね。ただし、こっそり見に行ったのが「風と共に去りぬ」（52年）でした。1年生の時でした。あれはやっぱり、自分の人生に大きな何かをもらったかもしれないですね。メラニーのように優しくありたい、スカーレットのように強くありたい、そういう女性になろうっていう、なにかね。その時思いましたね。空襲を体験しているせいと思うんですけど、「風と共に去りぬ」は南北戦争のお話、戦争と人間のあり方を描いてますからね。

――映画って、特に若い時に見た映画って、人生の指針になるところがありますよね。

ありますね。本当にそう思います。あとは「若草物語」（49年）。この三本は忘れないですね。ほんと小さい時にみた映画ほど、今も残っていますね。

――高校時代はどんな進路を描いていたのですか。

私は姉がね、お茶の水女子大だったので、何も考えずにお茶大を受ければいいんだと思ってたんですよ。そしたら見事に落っこちました。ああ、大学受験って結構大変なんだなって気づきました（笑）。その頃、うちの姉が高津春繁さんという東大教授のお嬢さんの家庭教師をしていたんです。言語学の教授なんですけど、神戸出身でものすごくダンディーな方でした。私もちょっと憧れていました。そのうち私も一緒によくお宅にうかがうようになっていたんです。その高津先生が「恭子さんはお茶大とか早稲田とか、似合わない」とおっしゃったんです。「いま、成城大学というアカデミックな学校があるから、そこがいいですよ」って言われて。それで成城を受けたんです。

――人生っておもしろいですね。高津先生はなぜ恭子さんは成城が似合うと思われたんでしょうね。

なぜでしょうね。いま思うと、私が入った頃の成城大学って、学生の数も少なかったし、ユニバーシティっていうよりカレッジみたいな雰囲気がありました。旧制成城高等学校には作家の大岡昇平さんや美術評論家の富永次郎さんだとかがいらして、自由な気風が有名だったのですね。それの流れで、成城大学というのも、きっと高津先生の耳に入っていたんじゃないかしら。もし先生が勧めてくださらなかったら、相変わらずお茶大とか早稲田とかを受けたり落っこちたりしていたかもしれませんね。高津先生が私を大林に引き合わせてくれたんですね。

売れない小説家の女房になるんだと思ってました（笑）。

——成城大学時代から結婚まで

——1年浪人して成城大学に入られたのですね。

はい。文芸学部の英文学コースでした。

——大林監督は同級生?

いえ、1学年上で、芸術学コースでした。

——どんな学生生活だったのでしょうか。

成城大学は学生が少なかったから、先輩も後輩も芸術学コースも英文学コースも、みんな自由に出入りしているという空気がありました。私の友達はなぜか芸術学コースが多かったので、彼女たちと一緒にその映画学とか聞きに行くと、監督がいたりしたんだと思います。芸術学コースの私の友達が先に監督と仲良くなって、それで私も親しくなっていきました。大林が大学時代に撮った福永武彦さん原作の8ミリ作品「青春・雲」(57年)には、私の友達が主演していますす。立川多美子さんっていうんですけど、のちに、監督の自主映画「ÉMOTION＝伝説の午後＝いつか見たドラキュラ」(67年)などにも出てもらっています。

——自由な気風で楽しそうですね。

ええ。芸術学コースに、浅沼圭司先生という若い映画学の先生が教えに来られていたんです。私はコースが違いましたが、友人が芸術学コースに多くてね、その1人が「浅沼先生って、すごく若くて、うぶで、授業の時に顔が真っ赤になるのよ」とか言うから、映画学の授業に行ってみんなで前に座り、先生を冷やかしたりしていたんです。とても懐かしい思い出です。

大林の8ミリ映画に出演していた私のお友達の中で、1人はTBSの「日真名氏飛び出す」っていうドラマオーディションに受かりました。もう1人は「バス通り裏」っていう番組があったでしょう?

――十朱幸代さんや岩下志麻さん、田中邦衛さんらが新人の時に出演していたNHKの帯ドラマですね。

そうです。その「バス通り裏」のオーディションに合格していました。

――それはすごい。いろんな学生がいたんですね。

私の同級生にはミッキー・カーチスさんや赤木圭一郎さんもいました。入学式の写真には、ちょうど私のすぐ後ろぐらいに赤木さんが写っているんです。格好よかったですよ。

――赤木さんは「和製ジェームス・ディーン」と呼ばれた日活のスターです。石原裕次郎さん、小林旭さん、和田浩治さんとともに「ダイヤモンドライン」という、当時の日活の人気を支えた

4人のうちの1人でした。

残念ながら、撮影所内でのゴーカート事故で、21歳の若さで亡くなられてしまって。本当にみんな落ち込みました。これからっていう時でしたから。ミッキーさんは今でもお元気ですね。確かバンコクに移住されましたよね。

――若い頃はロカビリー歌手でしたが、近年は味のある熟年俳優として活躍されています。「あの、夏の日～とんでろ じいちゃん～」（99年）や「海辺の映画館―キネマの玉手箱」（20年）など大林監督の映画にも出ていらっしゃいます。

今は、私よりもうちの娘の方が仲良くしています。バンコクから出稼ぎに来て、映画やドラマに出演して帰ると言っていました。数年前からは日本に帰られてますね。

――それにしてもすごい大学です。

たまたまね、私がいた頃はミッキーさんとか赤木さんとか、あと誰がいたのかな、下の学年にもすごく綺麗な女の子がいて、資生堂のコマーシャルだったかで有名になった人がいました。あと、森山良子さんが成城学園高校だったんじゃないかな。

――多士済々ですね。ところで、恭子さんは勉強も真面目になさってたんですか？

私？　ええ（笑）。英文科だったから、勉強していましたよ。うん、そうですね。そういえば、私、フランス語の試験を駅のホームで受けたことを思い出しました。あれは何だったんだろう。

――えええー。試験というのは筆記試験ですか？

筆記試験じゃなくてね、たしか会話の試験でした。よく覚えていないんですが、なんらかの理由で試験に行けなくて、先生が駅のホームで試験をしてくださったんだと思いますけど。

――本当に自由で素晴らしいですね。今じゃ考えられません。その頃、大林監督はどうしていらしたのでしょうか。

出会った時から8ミリを撮っていました。「青春・雲」を撮っていた頃、私はまだお付き合いがなくて、芸術学コースの友達を通して聞いていました。さっきも申しましたが、あの頃の成城大学は本当に学生の数が少なかったから、それぞれみんな知り合いなんです。のちに先生がね、「あなたたちの頃がいちばんよかった。アカデミックで、良い時代だったね」っておっしゃってくださいました。4年間、やりたいことが出来て、すごく楽しかったです。大林なんて、授業はほとんど出ていませんでしたよ（笑）。いつも階段教室でピアノを弾いていました。

――大林監督と言えば、ピアノは切り離せません。

友達が「講堂の階段教室で、大林さんがいつもピアノを弾いている」と言うので、女の子5、6人で階段教室に行き、一番上の席に座って、よくピアノを聴いていましたね。

――最初から大林監督に好感を持っていらしたのですか？

あのね、初めて大林を見かけた時はね、黒いロングコートにグリーンのネッカチーフをして、ベレー帽かぶって、細いジーンズみたいなの穿いてたてね、そういうファッションで校門を入ってくるんです。すごくキザっぽく見えました。

――キザっぽい男性はお嫌いですか。

映画ではいいんですけどね、実際にはね、イマイチでした（笑）。私はどっちかって言うと、無頼の小説家に憧れているようなところがありましたから。なんか朴訥な男性が好きだったんです。監督みたいに、今にも踊り出しそうなのはちょっとね、と思っていました（笑）。

――それが恋心に変わっていったのは？

やっぱりピアノですかねえ。派手に弾いていましたから。全部自己流なんです。技術というよりもハートで弾いている。なにかこう伝わってくるものがあったんですね。大学の教室でピアノを弾いている姿は今でも目に浮かびます。監督、昔は細かったので、格好よかったんですよ。高校時代は、リストなんか完璧に弾いてたみたいですよ。だから、ピアニストになると思っていた人は多かったみたいです。

――交際するきっかけは何だったんですか。

うーん、何だったのかしらね。ああ、「絵の中の少女」（58年）という監督の8ミリ映画に出演したのがきっかけだったかもしれません。

――お住まいは近かったんですか。

大林は砧に住んでました。東宝撮影所の裏のあたりでした。そこは早坂文雄さんのアパートだったんです。

――「七人の侍」（54年）をはじめ、黒澤明監督の前期の監督作で印象的な音楽を書かれた作曲家ですね。

早坂さんにはお嬢さんが2人、息子さんが1人いらしたんですけど、黒澤さんの「どですかでん」（70年）の男の子みたいな感じの子でね、その男の子がなぜか大林のことが大好きで、私がアパートに行くと、必ずいるんですよ（笑）。入り浸ってる。すごく可愛い男の子で、個性的な面白い子でしたね。私が卒業するまで大林は大学にいましたから、全部で5年間、早坂さんのアパートにいましたね。

――映画が好きだからそのアパートを選ばれたんですかね。

いいえ、違うんです。まったく偶然なんです、あとから分かったんです。

――いやあ、そんな偶然があるんですね。

ねえ、面白いですよね。やっぱりご縁があったんですね。ずっと後になりますが、黒澤さんに可愛がっていただくようになるわけですけど、そのきっかけは、成城大学で私と同級生だった子が、本多猪四郎《いしろう》さんのお嬢さんで、私と仲が良かったからなんです。

――それはやはり成城という土地柄ですね。

そんなこんなで卒業してからも付き合いがありました。大林の方は恐れ多いから、と一緒には行かなかったんですけど、きみさんがね、つまり本多監督の奥さまですが、東宝のスクリプター第1号か第2号くらいの方だったんです。だから、東宝撮影所で、本多監督はもちろん、黒澤監督とも一緒に青春時代を過ごしてるの。周りの人たちが「ばあば」「ばあば」って言うから、私も「ばあば」って呼んでいました。黒さんと猪《いの》さんと3人の青春のことをばあばがよく話してくれたんですが、ほんとにいいお話が、たくさんあるんですよ。

――お二人の映画人生に大きな影響を与えた出会いですね。大林監督とは映画をご覧になっていたんですか？

ええ、もちろん。最初に監督と見始めたのはハリウッドのミュージカル映画でした。監督はフレッド・アステアが大好きでしたから。とにかく私の授業が終わるのを待って、1日2〜3本見ていましたよ。あの頃は映画館がたくさんあったんですよ。とにかくデートといっても映画ばかりでしたね。アステアといえば、後年、イラストレーターの野口久光さんと監督と私と3人で芝居を見たことがあったんですが、芝居の帰りに2人が「アステアやろう」って言って、タップを踏んだんです。

——へえ、それはかっこいいな。

あの光景はね、目に焼き付いています。野口さん、かっこよかったんです。アステアが大好きで意気投合していました。

19歳の頃　初めての尾道にて

——大林監督は小説を書いていらしたんだとか。

そうなんです。私は小説家になるんだとずっと思っていました。「狂童群」っていう同人誌を出していました。昔、成城で大岡昇平さんたちが「白痴群」という同人誌を出していらしてね、その同人誌を引き継いだのだそうです。わざわざ尾道の刑務所で印刷していたんです。その方が安くつくんだと聞きました。その「狂童群」に大林が「塔」いう小説を発表したんですが、それが「小説新潮」だったかしら、「狂童群」という同人誌に大林宣彦という新人が出てきた、みたいなことを書かれたこともあったんですよ。でも、映画の方に行っちゃいました。「小説は50代になってから書こうね」という話をしていたんですけど、結局、50代も60代も映画で終わっちゃいました。

——同人は成城大学の学生たちですか。

そうです。5〜6人いてね、何かっていうといつも砧の監督の部屋に集まっていました。私はいつも買い出しに行っていました。祖師谷の商店街で買い物しているとね、お店の人が「さっきお兄さん買っていきましたよ」って言うんですよ。「お兄さん」って監督のことなのよ。兄妹だと思われていたみたい。私、おせんべいが好きでね、当時、手焼きのおせんべい屋さんが砧の商店街にあったんです。おじさんとおばさんがお店で焼いてくれてるんだけど、そこでよく買って、監督と一緒に歩いているもんだから、兄妹と思ったのね。監督も「妹さんが来ましたよ」って言われていたんですって。

——お二人、似ていらしたんでしょうか。

いやあ、どうなんでしょう。監督が老けて見られていたからかな、大学の時に30歳ぐらいには見られていました。だからコマーシャルを撮っているときに、まだ20代だったのにね、40代近くに思われていました。それで仕事がやりやすかったから、年齢を明かしてい

幼い頃の監督と母・千秋

尾道のフェリーにて　監督と母・千秋

なかったんですよ。「ＨＯＵＳＥ　ハウス」（77年）を撮っている時に、38歳か39歳ですよね。そう、あの時も50代に近いと思われていましたが、公開の時にやっと年齢を明らかにして、「こんな若かったの？」と驚かれました。

――それであまり恋人同士には見えなかったんですね。

そうですね。恋人同士には見えなかったかな。

――恭子さんも小説はお好きだったんですね。

そうですね。監督が福永武彦さんの小説を好きだというのはよく知っていましたからね。確か「草の花」だったかな、監督がその初版本を探していた頃で、私、こともあろうに福永さんにお手紙を書いたんですよ。そしたらお返事をくださいました。だから初版本が手に入ったんです。すごいですよね。中村真一郎さんなんかはわざわざ祖師谷大蔵まで会いに来てくださいました。駅で待ち合わせて、監督のアパートまでお連れしたことがあるの。今思うと怖いもの知らずですねえ。思い出すと恥ずかしいです。

――プロポーズの言葉はどんなでしたか？

プロポーズねえ、私、あんまり覚えてないんですよ。

――大林監督はすごく語っていらっしゃいます（笑）。

そうなんですよね。女の子は舞い上がっちゃうのかしら。なんか、あんまり覚えていない。監督は当時、あまり饒舌ではなかったんです。

――それは信じがたい（笑）。

本当なんです。監督は、コマーシャルやるようになってから、すっごくお喋りになったんです。コマーシャルを始めるまでは、とても聞き上手な人だったんです。コマーシャルをやるようになってから、自分の撮りたいイメージを伝えなきゃならないでしょ。それで喋るようになったんです。それまで、喋らないといけない時は全部原稿にしていましたから。

――大林監督によると、大学のそばのくぬぎ林で「結婚しない？」とおっしゃったらしいです（笑）。

大学の運動場の脇を降りていくと、仙川という川が流れていて、そこの雑木林のことですね。みんなでよく行ったり、監督とも一緒に歩いたりしていたので。

――そうしたら恭子さんが「保留にさせてください」と。

そんなにすぐは答えられませんよね（笑）。

――そしてその翌日、監督がピアノを弾いてるところに行って？

「はい」って言ったのは、なんとなく記憶にあります（笑）。それにしても、監督は記憶力が良すぎるんです。

――恭子さんや監督のご両親は、反対されなかったんですか。

ええ、なかったですね。でも、初めて私の実家に来た時は大変だったんですけどね。父は大林が来るのを知っていたのに、夜中に飲んで帰ってきて、しかも芸者さんを2〜3人連れていました。「うちの娘がどこの誰とも知らない男連れて帰ってきて」みたいなことを大きな声で言っているんですよ。それが監督と私にも聞こえてくるの。翌朝、そそくさと逃げるように会社に行こうとする父に、監督が「初めまして」って言ったら、父が「まあ、ゆっくりしていってください」と。でも監督も、すぐには秋田の私の実家には来られず、十和田湖を一周して一泊したそうですよ。

この間、自宅を整理してたら、うちの父に宛てて、監督が送った絵はがきが2枚出てきました。ドイツとカナダからでした。コマーシャルの撮影に行ってる時だと思います。父がとっといたんですね。うちの段ボールにはいっぱい入ってると思うんですけど、私には毎朝届くように、毎日書いて投函していたんです。どこに移動したとか、今日は誰とご飯食べたとか、細かい字で書いてあるんです。

――本当にすごいですね。ご結婚されたのはいつですか。

結婚式を挙げたのはね、大学を卒業した次の年ですね、結婚式は要らないって2人で言ってたんですけど、大林の実家が尾道の医者の家系で旧家なので、やっぱりお披露目をし

尾道で披露宴

なくちゃいけないってことになりまして。一応お着物を着せられてね、親戚の人たちを呼んで披露宴だけは尾道でやりました。新婚旅行も形だけでしたね。近くの鞆《とも》の浦に行ったんです。

――鞆の浦はのちに「野ゆき山ゆき海べゆき」（86年）**の舞台になりますね。**

「野ゆき」でお世話になるとは思いませんでした。そう言えば、私のお兄ちゃんまで一緒に付いてきましたから。夜はみんなで麻雀していました。笑っちゃうでしょ。

――交際中、大林監督は将来の話とか、なさらなかったんですか。

いいえ、私は、卒業まで大林は同人誌をやっていましたから、小説家になるものだと思っていました。結婚前に「私は売れない小説家の女房になるんだと思っていたわ」って言ったら、監督は「最初から売れない、って決め付けているところが、恭子さんらしいな」って笑っていました。私の中ではね、「小説家イコール貧乏」だったんです。その方が何か良い小説家だ、みたいな。むしろなんか憧れみたいなのがあったんです。

――就職してサラリーマンになるという選択肢はなかったんですか。

そうですね、考えたこともなかったですね。

「コマーシャルは実験が出来るから」
と言って、嬉々としてやっていました。

――CM、自主映画製作の頃

――恭子さんが初めて尾道を訪れたのはいつですか。

まだ学生だったから１９５８年か59年くらいでしょうか。海が青くて砂が真っ白でね、本当に綺麗だなという第一印象でした。地中海って行ったこともなかったのに、地中海ってこんなかしらって思いました。私は東京で生まれて、秋田で育っているので、「南の海」というものを知らなかったんです。だからすごいカルチャーショックというか。瀬戸内海が大好きになりましたね。それが後に映画に繋がっていくんですけど。

――なるほど、なるほど。大林映画には欠かせない風景です。

監督のことで言えばね、うふふ、尾道の砂浜で映画の撮影をしていたんですよ。お誕生日に私がプレゼントした指輪をね、出演していた青年にはめさせてカメラを回していたんです。水辺で石を投げてポンポンポンポンとはねていく遊びをよくやるでしょう？　青年があれをやっていたら、こともあろうに指輪も一緒に海へ飛んでっちゃったの。

――それは一大事だ（笑）。

私、「見つからなかったらあなたと別れるわ」なんて、少女趣味なことを言っちゃってね。撮影が終わってから、みんなで探したんです。指輪が飛んでいった時はちょうど満潮でね、撮影が終わった頃には潮が引いていたんですね。砂浜は200メートルぐらい続いていたかな。サクラ貝がたくさん落ちてて、よく東京の友達へのおみやげに拾って持って帰っていたんだけど、その時はサクラ貝じゃなくて指輪を必死で探しました(笑)。そしたら、監督が見つけたんですよ。

――いやあ、良かったですねえ。もし見つかっていなかったら、尾道3部作はなかったかもしれない(笑)。

「見つからなかったら、あなたと別れるわ」みたいにおどかしていると、監督自身で見つけちゃったんですよ。奇跡ですよ。あんな長い砂浜で、海の中に消えた指輪が見つかるなんて。しかも石ころと間違えそうな地味な指輪なんです。その時に、私、この人と生涯一緒にいるんだな、って。

――すごいです。ほとんど映画のワンシーンですね。

監督が言うにはね、サクラ貝が綺麗だったから、指輪がなくてもサクラ貝を拾おうと思った、って。そしたら、拾ったサクラ貝の下に指輪があったっていうんです。なんてロマンチックな(笑)。

――おおお!

その指輪なんですけどね、監督はその後も、何度かなくすんです(笑)。撮影中に、どこかに預けたり、置いたりするじゃないですか。でもね、そのたびに必ず見つかるんですよ。3回ぐらいあったかな。でも、毎回ちゃんと見つかるんで、今日まで一緒にいるの（笑）。

――どんな指輪ですか。

猫目石です。昔、青山に彫金のお店があって、そこで作ってもらった指輪です。もうほんとうにごっつくて地味なんですよ。でも、生涯大事にしてくれました。

――すごいなあ。海辺で撮影していたのって、どの映画でしょうか。

ええと、「ＣＯＮＦＥＳＳＩＯＮ＝遥かなるあこがれギロチン恋の旅」です。その頃はもうコマーシャルの撮影で、ものすごく忙しくなっていました。ほとんど休みがなくて、お盆や正月に「１週間休みます」って宣言をして、何をしていたかというと、映画を撮っていました（笑）。コマーシャルに出演していた女の子たちを主役にしたりして、自分の撮りたい自主映画をね。「ÉＭＯＴＩＯＮ＝伝説の午後＝いつか見たドラキュラ」（67年）なんかもそうやって休みを取って撮影しました。

――この頃の大林監督の個人映画には、よく「羽生杏子」という名前がクレジットされています。これが恭子さんなんですよね。

そうです。いろいろ手伝っていました。羽生は私の旧姓で、杏子は室生犀星の「杏っ子」から取りました。犀星が好きだったんです。「杏っ子」という映画もあったんですよ、

監督自作のコラージュ「CONFESSION＝遥かなるあこがれギロチン恋の旅」

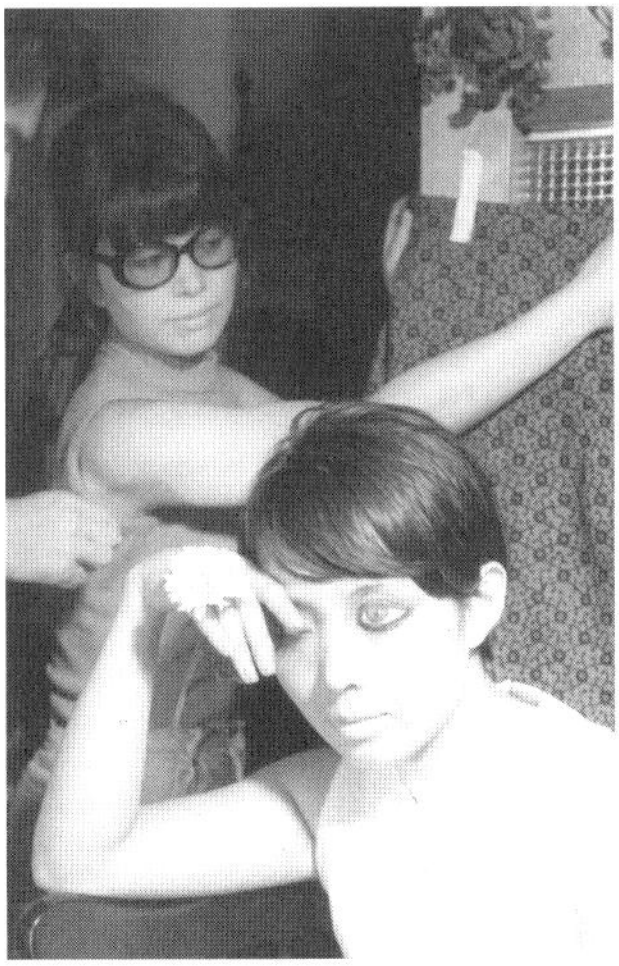

「ÉMOTION＝伝説の午後＝いつか見たドラキュラ」撮影時

香川京子さんが主演していましたね。私は出演もしていましたが、撮影台本にいろいろ言うものだから、脚本の仲間に入れてくれたんだと思います。8ミリとか16ミリは、たいてい一緒に脚本を作っていました。「いつか見たドラキュラ」の衣装も、私が手縫いしました。自分のワンピースをズタズタに切ったりしてね。個人映画の時は、もうほとんどうちで2人で喋ったことから生まれた作品が多いですね。

——スタッフもコマーシャルの仲間だったんですか。

ヘンリー・小谷って、ハリウッドで映画カメラマンをしていた有名な日本人がいたでしょう？　その息子さんが小谷映一さんというんですが、「ドラキュラ」の撮影は彼です。なんで知り合ったんだっけ？　そうだそうだ、監督がコマーシャルを一緒にやっていた電通の女性の恋人だったたんでした。出演してくれた町田圭子さんも電通の方でしたね。「おけいちゃん」って呼んで、ずっとお付き合いしていました。小谷の映ちゃんとおけいちゃん！　そうですね。

——コマーシャルの人脈が個人映画にも生かされていますね。それにしても仕事で撮影、休暇でも撮影とは（笑）。

そうですね。コマーシャルでいただいたお金で　個人映画を作っていました。夏休みやお正月以外も、週末はほとんど映画制作に費やされていました。金曜の夜中からうちにスタッフがみんな集まって準備をして、土曜の朝3時、4時に撮影に出発する、みたいなね。「いつか見たドラキュラ」は柿生の方の雑木林で撮っていましたが、週末だけで撮っていたので、半年以上かかったんじゃないかしら。本当に忙しい時期だったから。

――大変そうだけど、楽しそうです。

あまり大変だとは思いませんでした。みんな本当に楽しんでいましたね。新宿が若者たちのたまり場だった頃ですよね。新宿に行くと誰かに会える、みたいな雰囲気がありました。1950年代の終わりから60年代の頭ってそういう感じですね。まあ、一番楽しい時代だったかもしれません。青春時代という感じがします。全然お金にならないのに、自分たちの映画をどうやって見せようかと考えていました。

――個人映画は商業映画館で上映出来ませんもんね。

最初は、新橋の内科画廊など、画廊で上映していました。64年に金坂健二さんや高林陽一さん、飯村隆彦さんたち個人映画や実験映画の作家たちと「フィルム・アンデパンダン」というグループを作って、紀伊國屋ホールや草月ホールで上映会を開くようになりました。

――コマーシャルを撮るようになったきっかけはなんだったんですか。

「フィルム・アンデパンダン」の上映会に、電通の方が見にいらしていたんです。当時はまだテレビの放送が始まって間もなかったので、コマーシャルの演出家がいなかったんだそうです。それで電通の方から「コマーシャルをやってみないか」っていうことで誘われたのがきっかけです。

――最初にコマーシャルを撮ったのはいつですか。

1964年でした。千葉茰さんが生まれた年なんですが、その頃からテレビのコマーシャルがすごい勢いになっていったんですね。初めて撮ったのは「セイコー・ジュエルホワイト」っていう時計のコマーシャルでした。小澤征爾さんの奥さまになられたファッションモデルの入江美樹さん主演だったから、よく覚えています。松竹の女優だった生田悦子さんも、監督の「セイコー・ジュエルホワイト」に出ていました。「お魚になったワ・タ・シ」っていうTOTOのホーローバスのコマーシャルでは、高沢順子さんが人気者になりましたよね。あれも大林です。

――コマーシャルはもうかるんじゃないですか（笑）。

あの頃はコマーシャルの草創期ですね。演出料が倍々になっていきました。コマーシャルを始めるまでは、監督と私の親たちの仕送りで生活していました。8ミリ映写機も、何台買ってもらったかしら。それが全部質屋さんに行ってるの（笑）。質屋さんの前で大学時代の先生にバッタリ会ったりしてね。何をしてるんだ、と思われたでしょうね。この間、私の兄が亡くなった時にね、姪から「恭子おばちゃんの手紙がいっぱい出てきました」と言って送られてきました。

読んでみたら、「勇治郎お兄様、10万ほど貸してください」なんて書いてある。やっぱり借りてたみたいです（笑）。コマーシャルをやる前は、お兄ちゃんや、うちのお父さんにも、お金を送ってもらってたの。「じゃあ、おばちゃん、あなたたちにお金返さなくちゃね」って言って笑っちゃいました。

――生活のためもあるでしょうけど、大林監督なら、コマーシャルを楽しく撮っておられたんでしょうね。

はい、もう。すごく楽しそうに撮ってましたね。映画界が斜陽になってきていて、鈴木清順監督なんかもコマーシャルを撮ってたんですよ。でも、名前を出さずに撮ってたようです。映画監督がコマーシャルをやるなんて、という空気がありました。だけど、大林は「せっかく35ミリフィルムで撮れるんだから」と嬉々としていました。フィルムでしたし全部35ミリですから。スペシャル番組だと、3分のコマーシャルもあったんですよ。

――3分といえば、もう立派な短編映画ですよね。

そうですよね。だからとても楽しそうでした。あの映画が斜陽の時代にね、何のコマーシャルだったかしら、東宝撮影所で最も大きなステージに、「風と共に去りぬ」の草原を再現したセットを立てていました。しかも360度回転するんですよ。撮影所の方もびっくりしていました。

――製作費もかかったでしょうね。

確かにすごかったでしょうね。自分が見てきた映画の中のシーンを思い浮かべながら、撮っていたんだと思います。本当にやりたいことが出来ていたようです。三陽商会のレインコートのコマーシャルだったかしら、ステージに大雨を降らしていました。ステージが洪水になるんじゃないかと思うくらいの雨降らしでした。

――「マンダム」のコマーシャルは一世を風靡しました。チャールズ・ブロンソンがあごを撫でながら「うーん、マンダム」というのを、当時の小学生たちはみんな真似ていました。

69年「マンダム」CM撮影時　アリゾナにて

そうそう。マンダムはね、大阪の電通関西支社の担当でした。制作したのはホリ企画制作というホリプロの関連会社でね、そこに石原裕次郎さんの映画なんかを手掛けた元日活の笹井英男さんという大プロデューサーがいらしたんです。大阪の電通で1回目の会議をした時、笹井さんと監督と私の3人が飛行機で大阪に向かったんですけど、なぜか私の名前が笹井恭子になってる(笑)。笹井さんが「恭子さん、今日は僕の奥さんだからね」って言われたのをよく覚えています。

――マンダムは男性化粧品の会社で、社名が丹頂だった時代にはチックやポマードが人気商品でした。

電通関西支社の大会議室に長いテーブルがあって、窓の光を背にしてどっちが座るかみたいなやりとりから始まってね、なんか男の世界を見たな、という感じがしました(笑)。実際、私以外は全員男性でした。電通の方がね、じゃあ恭子さんはどうしようってことになって、長いテーブルの奥に、ちっちゃいけど、背の高い丸テーブルと椅子を用意してくださいました。そこに座るとね、会議全体が見渡せたんです。結局、電通側が光を背にして座って、マンダムの西村彦次社長たちが光の当たる方に座って、監督は電通側の真ん中に座りますでしょ。すると、ちょうど目の前にマンダムの西村社長が座っておられるわけです。それでね、会議のしょっぱなに、西村社長が監督にこう言ったんです。「大林さんは愛についてどうお考えですか」って。

——それは意外な第一声です。で、大林監督はなんと答えたのですか。

それが全然覚えていないない（笑）。あの時は私も本当になんて素敵な、とびっくりしました。どうやら西村社長はクリスチャンだったらしいです。会議が終わってその夜、食事会になったんですが、監督と私が隣り合わせに座って、向かいに西村社長がいました。その席で、監督が私になにかお料理を取ってくれたんですけど、それを西村社長がご覧になっていて、翌日、電通の方に、「ああいう大林さんのような方に、うちのコマーシャルをおまかせしたい」とおっしゃったそうです。その後、西村社長の奥さまもご一緒に、4人で夜の食事をしたりしました。すごく素敵な社長ご夫妻でした。

——社長は、恭子さんに対する監督の本物の愛を感じたんでしょう。監督は、すでにもう弁が立つようになっていたんでしょうか。

コマーシャルやるようになってからはもう本当にお喋りになってましたから、きっと何か気の利いたことを言ったんだと思いますよ。

——恭子さんはどういう立場で参加されてたんですか。

ちょうど監督の助手さんがいない時期で、2〜3年くらいでしょうか、私が助手の代わりに一緒に行動していたんです。車の運転をしたり、スケジュール管理は全部、私がやってました。ホリ企画制作ではグリコのコマーシャルもやりました、三浦友和さんと山口百恵さんのコンビで。笹井プロデューサーは、大林が監督をした百恵友和の映画「ふりむけば愛」（78年）でもご一緒しました。監督も私も、笹井さんには可愛がっていただきました。

――「マンダム」のコマーシャルは西部劇のようでしたが、アメリカ・ロケをしたんですか。

ええ。あの頃、1年のうち半年ぐらいアメリカに行ってました。コマーシャルの海外ロケ第1号は監督でした。マンダムの初めてのロケはアリゾナです。西部劇の撮影によく使われてましたね。ブロンソンが馬に乗って遠くに去っていくシーンがあるんだけど、あれは監督が吹き替えてるの。今だから言える（笑）。

――ええっ！　ブロンソンは馬に乗れないんですか！

いや、監督が言っていましたけど、ブロンソンは馬に乗るのはすごく上手いんですって。でも、当時のハリウッドでは、スター俳優の危ないシーンは必ず吹き替えるんだそうです。あとね、俳優たちは、馬にまたがるところはみんな訓練するから、上手いらしいんですよ。で、走って去っていくのは吹き替え。だから、またがる時のアップはブロンソンだけど、去っていくのは監督の吹き替えと聞きました。監督はよく馬に乗っていました。西部劇が大好きで、ジョン・ウェインが大好きだったから。

――ブロンソン以外にも、外国のスター俳優を使ったコマーシャルをたくさん撮っています。

カーク・ダグラスとか、リンゴ・スター、デヴィッド・ニーブン、ソフィア・ローレン、カトリーヌ・ドヌーブ……。監督は、彼らが出演した映画を全部見ていますから、彼らも安心するみたいでね、撮影がうまくいきました。

——ソフィア・ローレンが原付き自転車に乗る「ラッタッタ」のコマーシャルもよく覚えています。

イタリアの女優さんたち、素敵です。イタリア映画も大好き。クラウディア・カルディナーレも。1950~60年代って、良いイタリア映画がいっぱいありましたね。ハリウッド映画もフランス映画も大好きです。

70年代　ハワイ・マウイ島　浜辺で馬に乗る監督と犬

新宿に映画館がいっぱいあったから、映画のハシゴができた時代だったの。ロードショーは銀座でしたけどね。テアトル東京とかね。見る作品は監督が決めていました。会話も全部映画のこと。世間話なんかしたことないですよ。

——コマーシャルを始めるまでは無口だったんですよね。

私と映画のことを話す時は、ずっと喋っていました。でもね、学生時代は本当に人見知りだったんです。誰かに会う時には、私が代わりに喋るから、私がお喋りになりました。損しちゃったなと思っています。

——損、ですか（笑）。

監督、いい格好しちゃってみたいな、ね。ずっと黙っていて、いいとこだけ持ってっちゃうわけです。コマーシャルをやるまではそんな感じでした。

70年代　CM撮影の合間を縫い御殿場に乗馬へ

――少し後になりますが、国鉄（当時）の「フルムーン夫婦グリーンパス」も印象に残っています。高峰三枝子さんと上原謙さんの夫婦が温泉に入っているコマーシャルでしたね。

上原さんはあの後、「時をかける少女」（83年）に出てくださったんですが、「フルムーン」の時が監督とは初めてだったんです。高峰さんのおっぱいが立派でね、お風呂でポンッと浮き上がっちゃうので苦労したそうです（笑）。このコマーシャルが好評でね、シリーズ化されました。監督も何本かやっていますよ。

――大林監督はコマーシャルの映像も斬新でした。

1973年　ハワイ・ワイキキにて

「コマーシャルは実験が出来るから」と言って、嬉々としてやっていました。のちに映画でいろんな映像的な面白いことをやっていますけど、それは全部コマーシャルで既にやっていることなんです。昔は、そのぐらいコマーシャルはお金をかけてたんですね。東宝スタジオの照明部だとか技術スタッフも面白がってくれました。だから、監督は皆さんに慕われてましたね。「HOUSE　ハウス」で商業映画デビューした時も、スタッフみんなに歓迎されて、スタジオ入りしましたね。

——映画のスタッフはテレビドラマやコマーシャルの監督が来たら、いじめるという話をよく聞きますよね(笑)。どういう経緯で「HOUSE　ハウス」で商業映画デビューすることになったのですか。

第一歩が「HOUSE」になったのは、松岡功さんですね。

——当時の東宝の社長ですね。いま、名誉会長です。

松岡社長から「今までにない映画、みんながびっくりするような日本映画を撮ってほしい」っていう注文をもらったんです。それで「HOUSE」ができたの。大林が最初に商業映画でやりたかったのは、檀一雄さんの「花筐」だったんですよ、もう皆さんご存じだと思うんですけどね、「花筐」の台本を桂千穂さんが書いていて、ずっとそのオリジナル版が残ってました。桂さんの台本を元にして、2017年に「花筐/HANAGATAM

I」を撮ったんです。檀一雄さんの息子の檀太郎さんは、コマーシャルのプロデューサーをしてました。一緒にはあんまりやってないんですけど。太郎さんの妹のふみちゃんには、「HOUSE」に出てもらいました。

尾道のフェリーにて

「僕の映画は100年先に認められるんだ」
と言っていました。

――「HOUSE　ハウス」から「金田一耕助の冒険」

――「ＨＯＵＳＥ　ハウス」の頃はまだ撮影所出身の監督でないと、基本的に映画は撮らせてもらえないという時代でした。今では、自主制作やコマーシャルから映画監督になるのがむしろ普通のルートになりましたが、その風穴を開けたのが大林監督でした。

撮影所の門戸を開いていただけた第1号でしょうね。続いて寺山修司さんが監督をされました。角川書店の社長だった角川春樹さんが「犬神家の一族」（76年）を製作して、映画界に入ってこられたのもちょうど同じ頃でした。

――斜陽だった映画界が大きく変わろうとしていた時代でしたね。しかし、いくら社長がＯＫしても、撮影所の監督たち、特に若い助監督たちは反発したと思うんですが。

そうですね。最初はたぶん嫌な思いを持たれたでしょうね。

――その20年ほど前の１９５８年に、作家の石原慎太郎さんが監督に抜擢されて自作の「若い獣」を映画化した時、恩地日出夫さんら若い助監督がストも辞さないほどの猛反発をしたそうです。

助監督経験のない人間が外部から来て、一体なにが出来るんだ、という気持ちが、恩地さんたち撮影所に所属する監督さんにはあったでしょうね。恩地さんはその後、たいへん仲良くしてもらいましたけど。

――それは本当に良かった。

当時のそんな厳しい空気の中で、「何をやっても当たらないこの時代に、門を開けて、外から呼んでみようじゃないか」と言ってくださったのが岡本喜八監督だったそうです。喜八さんは確か撮影所の組合をやっていらっしゃったようです。喜八さんが口火を切ってくれたのが大きかった。とても幸せなことでした。のちに何度か喜八さんのお宅にも伺ったりして、奥さまのみね子さんにお会いして、ずっとお付き合いさせてもらいました。喜八さんはユーモアがあって、とても魅力的な方でした。

――「HOUSE」の時は、恭子さんはまだプロデューサーではないですね。

ええ。70年代は監督の映画にまだかかわっていないです。お手伝いはしていましたけど。私がプロデューサーとしてクレジットされるのは82年の「転校生」からです。

――撮影は、大林監督と名コンビの阪本善尚さんです。

善尚さんが日大芸術学部映画学科の学生だった頃からのお付き合いです。コマーシャルの世界に引っ張ったのも大林だったと思います。

――女優さんをとても魅力的に撮られるという印象があります。

そうなんですよ、すごく綺麗に撮りますよね。でもね、「HOUSE」の時に大笑いしたことがあってね、阪本善尚さんて、やっぱり絵を美しく撮る人だから、ハリウッドと同じように、照明も自分がやるんですよ。日本では撮影と照明は分かれていますが、照明も兼ねてカメラを回すんです。

――いわゆる「撮影監督」方式ですね。

そうです。善尚さんが1時間ぐらいかけて、入念にチェックをするんですけどね。監督が「善尚さん、照明はOKですか？」と聞いたら、「OKです」と。「じゃあカメラを回そう」となって、監督が「よーい、スタート」と言ったんですけど、そのカメラの前を、女優さんたちじゃなくて、助監督たちに歩かせたんですよ。そしたら、善尚さんがね、「OK！」って言ったの（笑）。それぐらいね、役者を見るよりも、光を見てるんですよ。監督が「善尚さん、絶対気がつかないよ」とか言ってね、助監督さんたちに歩かせたら、本当に「OK！」って大きな声が出たんです。「善尚さん、いま歩いたの、誰だか分かる？」って。そういう善尚さんだから、あんなに綺麗な絵が撮れちゃうのね。

――なるほど～。そうか、女優さんを見てるわけじゃないんですね。

そうそう。光を見てるんです（笑）。

――監督、面白いことを思いつかれますね。

でも、ちゃんとあとで必ずフォローするんですよ。

――いたずらっ子ですね。

そうですね。何か、そういう面白いことが撮影中はもういっぱいありますね。だから、スタッフやキャストの方が覚えているんじゃないかしら。

――デビュー前の小栗康平監督が、助監督として現場に付いていらしたんですね。増村保造さんや篠田正浩さんたちに付いていらした小栗さんがどうして大林組に参加されたんですか。

コマーシャル界の天皇と呼ばれる人が映画界に入ってきて、どういう演出をするんだろう、という興味があったみたいで、自分から名乗り出たみたいです。勉強家なんですね。とても真面目な方。きっとかなり冷たい目で見ていたと思います。「映画のこと分かってるのかな」みたいな感じだったんじゃないかな。だから、「ＨＯＵＳＥ」には本当にびっくりしたと思います、小栗ちゃん。

70年代「HOUSE　ハウス」の頃　祖師谷大蔵にて

――もう1人、小倉洋二さんがクレジットされています。

ダブルチーフみたいな感じでした。小栗ちゃんは、きちんとスーツを着て、あんまり現場にいなかったですね。初めて、映画の世界のチーフ助監督の立場を知りました。現場に居る時は、監督と同じように全体を見渡してるみたいな、そんな感じでしたね。次に監督になるであろう人たちがやっぱりチーフをやってたんですよね。すごくいいチーフだったと思います。あの頃、祖師谷の私たちの家の隣に大林の弟が住んでたんですが、山形に転勤になったので、空いていたんです。撮影の時はそこから小栗ちゃんや演出部が東宝撮影所まで歩いて通っていたんですよ。合宿ですよね。私が食事とかのお世話をしたりしてました。楽しいといえば楽しい時代でした。あと、小栗ちゃんや小倉ちゃんたちを連れて、尾道に遊びに行ったことがありました。

――撮影が終わってからですか。

撮影の合間でした。

――へええ。それはすごいです。

5月の頭に東宝の創立記念日があってね、5日間ぐらいお休みになったんですよ。それで尾道の別荘でみんなで過ごして、船を借り切って朝から夕方まで瀬戸内海で魚釣りをしたりしていました。優雅な時代でしたねえ。

尾道のフェリーにて

——今じゃ考えられない。

でも、映画はすでに斜陽になっていて、助監督たちはお金がなかったから、尾道で私、洋服をプレゼントをしたことがありました。ジャンパーだったかな。それから20年くらい経って、95年の「あした」の時に小倉ちゃんにまたチーフに就いてもらったんですよ。その時に私がね、「小倉ちゃん、素敵なジャンパー着てるね」って言ったら、「何言ってんだ、恭子さんが買ってくれたジャンパーだよ」って言われたんです（笑）。「えっ、20年も持ってるの？」みたいな。なんかね、すごい良い人なんですよ。きっとクリーニングに出したりして大事に着てくれてたみたいで、びっくりしました。男の子って見かけじゃないんだと（笑）。

――小栗さんは81年に「泥の河」で監督デビューします。

「泥の河」、素晴らしい映画でしたよね。私、小栗ちゃんは、大林のことを一歩距離を置いて見てたのかなと思っていたんですけど、「泥の河」が完成した時にね、大林と私を試写に呼んでくれたんです。富士フイルムの大きな試写室に行ってみたら、私たち2人しかいないんです。「どうして？」って聞いたら、「監督と恭子さんに一番先に見てほしかった」って。胸が熱くなりました。それで小栗ちゃんと3人で見たんです。私たちにとっても、小栗ちゃんがチーフやってくれたのは、やっぱり良かったことだと思いますし、小栗ちゃんにとっても、全く別世界から来た監督と一緒に仕事をしたことが、何かしら役に立ったのかな、ってその時に思いました。

――大林組は現場の雰囲気も、きっと違っていたんでしょうね。

そうですね。東宝撮影所にはスタッフルームが8室くらいあったんですが、あれはいつだったか、黒澤明監督の黒澤組と大林組が入っていたことがあってね。黒澤さんの組って、窓ガラスに全部紙を貼って、中が見えないようにしてあるんです。一方の大林組は、中が丸見えで、ドアまで開けっぱなし、みんなでワイワイやっていました。そしたら、黒澤組から回覧板が回って来てね、「大林組は楽しそうでいいけど、少し静かにしてください」と書いてありました（笑）。

――確かに、黒澤組とは雰囲気がだいぶ違ったでしょうね。

この間、私が日本アカデミー賞の特別賞をもらった時に、元東宝の富山省吾さんに久々にお目に掛かりました。

――平成ゴジラシリーズなど東宝映画の大プロデューサーで、東宝映画の社長も務められましたね。

授賞式の時に、私の車椅子を押してくださったり、ずいぶん面倒を見ていただきましたが、「HOUSE」の時には、その富ちゃんがまだ東宝に入社したてで、宣伝部のペーペーだったんです。とても優しい好青年でした。だからとても懐かしかったですねえ。

――恩地さんのお話はうかがいましたが、東宝の監督たちとはどんな関係だったんですか。

とても仲良くなりました。そう、テニスを一緒にやったりね。東宝のテニスコートが調布にあったんですよ。「どうぞお使いください」って言ってもらって、小谷承靖《つぐのぶ》監督とか、東宝の監督たちとテニスをしました。大林は、忙しかったんですが、遊ぶのも一生懸命でね、寝る間も惜しんでいました。「寝るのは死んでからでいい」っていうのが口癖でしたから。

――監督、テニスがお上手だったんですか？

いや、「テニスコートのインベーダー」って言われていました（笑）。コートの右へ左へ飛んで走り回っていました。インベーダーゲームって流行っていたじゃないですか。

――ああ、あのインベーダーみたいにね（笑）。

あとね、東宝には、「HOUSE」のプロデューサーだった山田順彦《よりひこ》さんというプロデューサーがいらして、後に「時をかける少女」のプロデューサーもやってくださいましたが、チャカチャカしているから「チャカさん」と呼ばれていたんです。そのチャカさんが渋谷の公園通りのマンションに住んでいらしてね、月に一、二度、チャカさんのお宅に東宝の監督や映画好きの方たちが集まって古い映画を見る会を開いていました。そこによく行きました。もちろんお酒を飲みながらですけど。わいわい言いながら。16ミリフィルムを回していました。楽しい会でした。

ハワイにてテニス　よく外国人に間違われていた

――「HOUSE」は当時の若者たちから熱狂的な支持を受けました。一方で年配の批評家の

評判は悪かったんですね。

そうなんです。散々なことを言われました。「こんなの映画じゃない」なんてひどいことまで。「嫌いなら書かなきゃ良いのに」と思いました。新人の出はなをくじくようなことを書かなくてもねえ。ちょっと先を行きすぎていたのかもしれませんね。彼らは私たちと同世代くらいだったと思うんですけどね。いま考えると、なんか先を行きすぎている作品をどう認めていいか分からないみたいなこともあったと思いますね。でも、フランスではヌーベルバーグが出てきた時代です。

――若い観客に支持されたのが古い批評家には気に入らなかったんでしょうね。当時夢中になった若者だった私も、古い批評家世代になりましたので、気を付けないと㊦。

大林はね、「僕の映画は100年先に認められるんだ」と言っていましたね。いま、ニューヨークなんかで大林の特集上映を開いてくれるようになったんですが、監督が会場に行くとね、アメリカの青年たちが「HOUSE」のTシャツを着て出迎えてくれるんですよ。「HOUSE」はファンがとても多いんですよ。

――日本でも今、若い世代に受けています。大島渚賞を取った小田香さんっていう若い女性の監督が、「HOUSE」が大好きだっておっしゃっていました。

そうですか、うれしいですね。監督は、当時は「100年後に分かる」と言っていたので、いま受けているのを見て、「50年早かったなあ」と笑っていました。若い観客にはもう関係ないかと思ってたんで、大林映画を見てくれるのはとてもうれしいです。でも、私たちも若い時に昔の映画よく見てましたね。そう思えば、今の若い子たちも、見る子はちゃんと昔の映画を見てくれてるわけですね。大林はね、若い人の映画をちゃんと見てました。そして必ずどこか何かいいところがあるっていう、信念でいつも見ていました。

――79年に「金田一耕助の冒険」、81年には「ねらわれた学園」と、角川映画が2本続きました。「金田一」には本当にびっくりしました。市川崑監督、石坂浩二主演の金田一シリーズと全然違っていましたからね。

あれは遊びたいだけ遊んだ感じでした。古谷一行さんが金田一でしたが、いろんな古谷さんが見られてね。あれはね、角川春樹さんが偉いんですよ。「大林さんのやりたいようにやっていいから」みたいなことを言われて撮ったはずなんですね。ちょうど、監督が「ＨＯＵＳＥ」を作っていた頃に、出版界にいた春樹さんは「犬神家の一族」で映画界に乗り込んでこられた。春樹さんと大林はほぼ同時に出発している。なんかね、時代の変わり目みたいなところで春樹さんと監督が組んだ。「やったな！」って私は内心思っていましたね。春樹さんは、大林さんならなにか面白いことをやってくれるんじゃないかなと思っていたんじゃないでしょうか。

――原作の横溝正史さんが出てきて、「こんな映画にだけは出たくなかった」と言わせていましたね。大爆笑でした。

私も当時は「なんじゃこれは？」と思っていましたよ。いま見ると、本当に面白いですね。私、今頃になって分かりました（笑）。「ＨＯＵＳＥ」もそうですが、古びていないですね。「犬神家の一族」とか「人間の証明」（77年）とか角川映画を結構パロディーにしちゃってますね。やっぱり春樹さんは偉いです。「ＨＯＵＳＥ」を撮影している時に、市川崑監督のシリーズで金田一耕助を演じていた石坂浩二さんにお会いしたことがありました。あの袴に帽子で衣裳部屋から出ていらしたところに出くわしてね、「大林組は楽しそうでいいですね、若い女の子がいっぱいいて」って。

――「金田一耕助の冒険」は恭子さんも現場に行っていらしたんですか。

主演の古谷一行さんの記憶があまりないので、現場にはそんなに行っていないと思います。ただ、横溝さんのお宅には行ったんですよ。東宝撮影所の近くでした。なんでだろう。でもきっとこの映画のことで行ってるわけですよね。お着物で出てこられてね、とても笑顔で優しかったという記憶だけがあります。

――大林監督は春樹さんの角川映画を6本撮っていますが、これは監督たちの中で最多です。

監督が亡くなった時に、春樹さんが俳句を2句詠んで、色紙に書いて送ってくださったんです。色紙には「２０２０年４月24日」と書いてあるから、監督が亡くなって２週間後ですね。「キネマの玉手箱」という題で「忘れな草　君はキネマの玉手箱」、「監督の椅子」という題で「監督の椅子に君なき四月かな」。涙が出ちゃいます。しばらく涙とまりませんでした。後で春樹さんが雑誌に書かれた文章に「僕が亡くなった友人に俳句を詠んだのは２人目です」とありました。

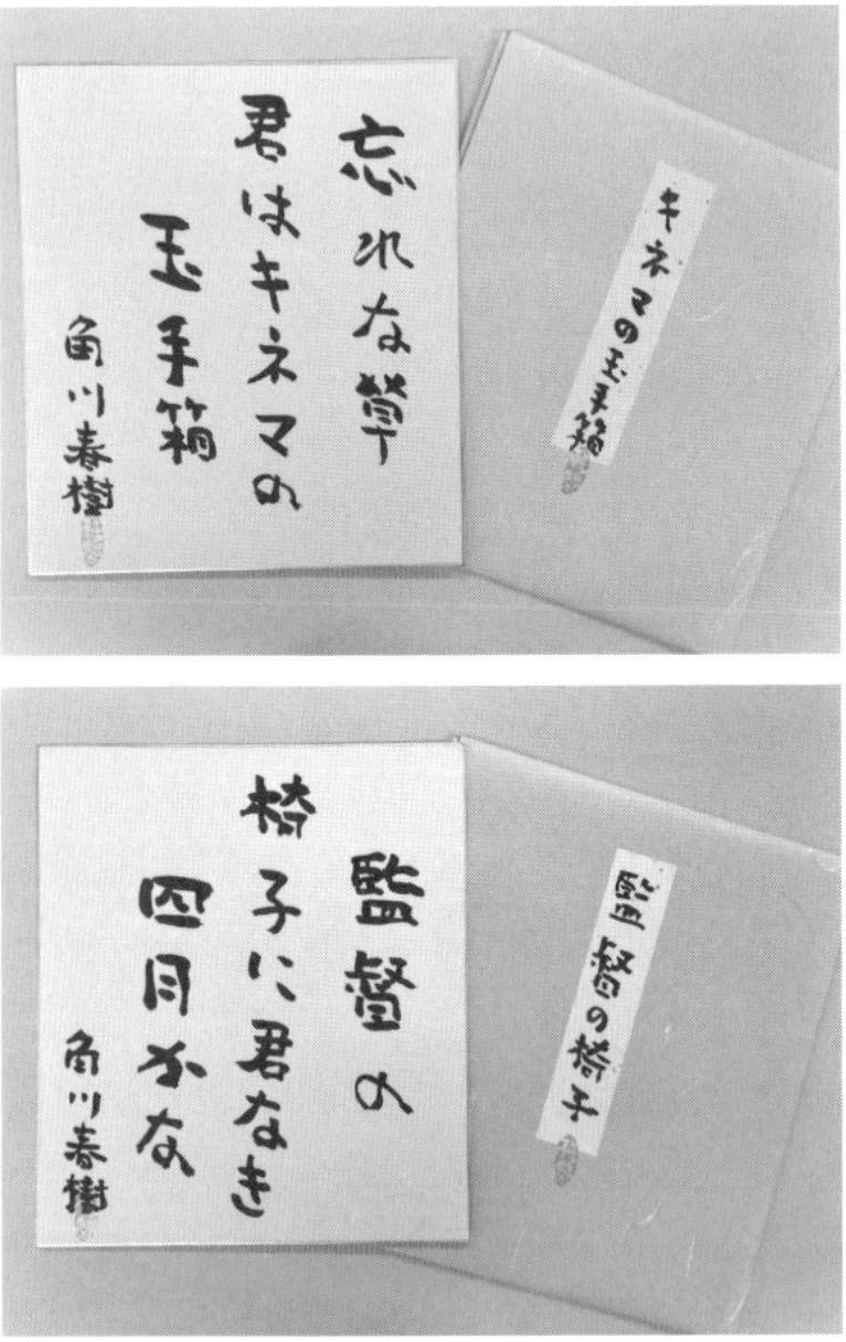

角川春樹さんから大林監督に贈られた俳句

「恭子さん、
名前を出すのは責任を持つということなんだよ」

――「転校生」の頃

――「転校生」（82年）はＡＴＧが製作に入っていますね。

社長の佐々木史朗さんには大変お世話になりました。とてもお優しい方でした。

――2022年でした。大林監督が亡くなられて2年後、同じ4月でした。

史朗さんが亡くなられる少し前に、私、お電話をいただいたんです。「恭子さん、元気？　寂しいでしょ」と、いつもの感じだったんですが、「いいお仕事を一緒にできてよかったよ」っておっしゃったんです。その時は、変なことを言うなあと思ったんですけど。忘れません。史朗さんに心から感謝しております。

――何人かの親しい方にお電話をされたようですね。

その後、まもなく亡くなられたので、びっくりしました。お別れのお電話だったんですね。親しい何人かの中に、私も入れてくださったんですね。「転校生」は最初のスポンサーが降りちゃって、本当に大変だったんですけど、その時に史朗さんが「この原作で大林さんの映画が見てみたい」って言ってくださったのです。あの時の史朗さんの言葉はずっと耳に残っています。

――山中恒さんの児童文学「おれがあいつであいつがおれで」が原作でした。

いま思い出したんですけど、その時も史朗さんから電話が掛かってきました。史朗さんは大森一樹くんの作品をプロデュースすることになっていて、大林に何か頼みたいことがあったんだと思います。それでお電話を掛けてきたのに、ちょうどその時、「転校生」のスポンサーが降りて「いま大変なの」っていうところから始まって、史朗さんの用事も聞かずに、自分たちのことばかりをバーッと言っちゃった。あとから大森くんに悪いことしちゃったな、って。

――史朗さんの用事の方はどうなったのですか？

いえ、もう何も大森くんのことはおっしゃいませんでした。多分、大森くんの作品を製作するにあたって、何か大林の力を借りたかったんだと思うんですが、結局聞きませんでした。私たち、大森くんが結婚した時、仲人をしてるんです。「さびしんぼう」（85年）の撮影をしている時には尾道まで遊びに来てくれました。商店街のシーンに、ほんの少し確か家族で出演していますよ。大森くんには本当に借りがあるの。いつか返さなきゃと思っていたのに、大森くんも亡くなってしまわれました。早すぎます。天国で監督に会っているかしら……。

――しかし「転校生」の製作は、史朗さんからの電話で実現したようなものですね。

そうですね。史朗さんが「台本は出来てるの？」っておっしゃるから、「出来てます」

と言ったら、「すぐ読ませて」って、読んでくれたんです。それで、この「大林作品を見てみたい」とおっしゃって「やりましょう」ということになりました。だから、「転校生」は「製作総指揮　佐々木史朗」とクレジットされています。そして、これが私の初プロデュース作品でもありました。

――「転校生」以降は、すべての作品に恭子さんがプロデューサーとして名前を連ねています。

これまでの作品でもお手伝いはしていたんです。そうしたら、大林の美術監督をずっと担当してくださっていた薩谷和夫さんにこう言われました。「恭子さん、人一倍いろんなことをやっているんだから、名前を出しなさい」って。私は、「大林宣彦」とクレジットされているのに、それに加えて「大林恭子」も出たら、なんだか奥さんが余計なことしているみたいに思われそうでね。それが嫌で、名前を出していなかったんです。モモトモの「ふりむけば愛」でも、衣装のタイアップを全部取ったりしてました。でも、名前は出していませんでした。

――モモトモって、山口百恵さんと三浦友和さんのことですね（笑）。で、なんで名前を出すことにされたのですか。

薩谷さんが「恭子さん、名前を出すのは責任を持つということなんだよ」とおっしゃったんです。それが頭から離れなくて。

――史朗さんが読んだ脚本は、決定稿とはだいぶ違っていたのですか。

いえ、脚本自体はあまり違っていなかったと思います。剣持亘さんが書いてくださいました。私たちは「ケンケン」って呼んでいるんですけど、そのケンケンが、ちょうど私たちが夏休みで尾道の島の別荘に行っている時に、山中さんの原作を持ってやって来たんです。

――夏休みなのに！

監督が「1週間、とにかく1週間だけ休みたい」って言ってね。1980年代は本当に忙しくて、1年のうち休めたのはその1週間だけですよ。そこにケンケンが来て、「これは大林さんしか映画にできないと思う」とおっしゃって。それで読んでみたら、すごく面白かった。ただ、ケンケンが意気込んで別荘に来た時には、面白おかしいコメディーにしようと思っていて、大林もいまの「転校生」のような映画にしようとは考えていなかったんじゃないかしら。それを全部変えちゃったのが私かもしれません。

――え？ そうなんですか。それまでの「HOUSE ハウス」や「金田一耕助の冒険」とは全然違っていて、多くの映画ファンが驚かされました。

夏休みが終わり、東京に帰ってきて、山中さんにお目にかかりに行きました。そしたら、山中さん、奥さまを亡くされた直後だったんです。映画化の話をすると、山中さんがすごく喜んでくださってね。だから、私は「この映画は、今までのようでないものにしましょう。もう、あなたも一切出ちゃ駄目よ」と申しました。なんだか、面白おかしい映画にしてはいけないような気がしたんです。

――お話としては、おふざけをたくさん入れられそうですものね。

そうですね。私の第1回のプロデュース作品だと決まり、「あなた、一切出ないでね」ってお願いしました。とにかく、これは真面目なイメージでやってほしい、と。それで、お遊びはなし、にしてもらいました。それまでの監督の映画には、監督本人がだいたい、お遊びで1カット出ているんです。ヒッチコックのようにね。「HOUSE」は、私も出されちゃったんですけど(笑)、「今回はやめてね」と。私、生意気だったんですね(笑)。

――しかし、恭子さんのおかげで、映画史に残る傑作になりました。

監督が出なくて寂しい思いをしたファンも大勢いたと思いますけどね。ですから私、みなさんにこんなに受け入れてもらえるとは、想像もしていませんでした。

――大林監督は、恭子さんの言うことをいつも聞いてくれるのですか。

ええ。いつも素直に聞いてくれますよ。その通りやるかやらないかは別として(笑)。

――わはは。

そこらへんが大林のね、すごいところでね。もうニコニコしながら、「うんうん」って聞いてくれるんですよ。

――「転校生」は恭子さんの言うことを聞いてくれて、素晴らしい作品になりました。

山中さんのこともあったし、一度ポシャりかけたところを佐々木史朗さんのおかげでね、撮れることになったということもあって、私にとっても監督にとっても、１９８０年代の始まりの一作としては、きちんと作りたいなって私は思っていました。監督はね、すごく真面目な部分とおふざけの部分と両方持っているんですよ。いろんな映像の遊びを楽しむ方も私は大好きなんですけれども、「ＨＯＵＳＥ」や「金田一耕助の冒険」「ねらわれた学園」と続いていましたからね。福永武彦を愛するという大林の真面目な側面で作ってほしい映画というのがやっぱり何本かあるんです。

「転校生」撮影時

――「転校生」は恭子さんにとっても思い出深い映画なんですね。

そうですね。尾道で撮影した初めての商業作品でもありますし、私の初プロデュース作品ですしね。

――プロデューサーというのは現場ではどんな仕事を

するのですか。

私は何でもやりました。いわゆる雑用係ですね。自主映画のようにスタッフのご飯作りから下着の洗濯まで、監督の実家でやってました。撮影に出てくる食べもの、「消えもの」と呼ぶんですが、これも全部私が作りました。撮影に入る前は、製作費を集めて予算を組んだり、いろいろ仕事がありますが、撮影が始まると、もうそれぞれのパートにプロが集まってきます。私はお手伝いです。スムーズに撮影が進むようにお手伝いをしています。撮影が終わると編集に入りますが、スクリプターさん、チーフ助監督さんと一緒に、私も付き合います。

――編集では恭子さんはどんな役割なんですか。

とにかく監督のやりたいように編集をするのを手伝っています。監督自身の頭の中にね、映像がもう全部入っているんですよ。だから「スクリプター、要らないんじゃない？」と言われることがあります。でも、何が起こるか分かりませんからね。スクリプターさんは大事なんです。うちのスクリプターさんはね、ベテランばっかりです。3人くらいしか代わっていないんじゃないですかね。

――スポンサーが降りたりして、製作費を確保するのが大変でしたね。

そうですね。ATGが2000万円くらい出してくれて、あと、日本テレビが初めて映画に出資することになったんです。5000万円だったかな。でも、7000万円じゃまだ足りません。それで尾道の中田組（現ナカタ・マックコーポレーション）という船舶塗装の会社にお願いに行って、中田会長に1000万円出してもらいました。クレジットもされています。絵画の収集家でいらしてね、梅原龍三郎さんとかすごい絵がたくさんあって、出資をお願いに行った時にとても驚きました。いま、お嬢さんがお父様のコレクションを所蔵する、中田美術館という美術館を運営されています。

――尾道の方々が協力してくださったんですね。

尾道の商店街の入り口のところに、昔、「TOM」というジャズ喫茶があって、そこのマスターの須賀努さんっていう方は坂田明さんと親友でね。「転校生」の時は、スタッフがツトムちゃんにいろいろ頼み事をしていましたね。本当にお世話になりました。「TOM」はね、商店街から入って、裏から国道に抜けられるんですよ。よくスタッフも使っていました。

――「TOM」は大林映画ファンの聖地でしたね。それにしても、監督が生まれ育った土地ですからね。協力者はさぞ多かったでしょう。

私が「尾道の無法松」って呼んでいた方もいらっしゃいました。

――それはすごい！　どなたですか。

山陽日日新聞という地元紙の記者で半田安弘さんという方です。

——須賀努さんとともに「撮影協力」としてクレジットされていますね。

とても口が悪く、意地悪なことをよく言うんです。私がジーンズを切った短パンを穿いて商店街を歩いていたら、半田さんから「大林家の嫁が何ちゅう格好して歩いとるんじゃ」と叱られたこともありました。でもね、大林のお父さまのことは尊敬していて、お父さまのことを「大林先生」「大林先生」って言って、義父の言うことなら、なんでも聞いていました。だから半田さんのことを「尾道の無法松」と呼んでいました。監督のことは「わしには分からんけ。大林先生の息子じゃけん」と言って、なんだかんだ助けてもらいました。口は悪いけれど根はすごくいい人だ、って分かっていたので、私も仲良くしてもらっていました。半田さん、私に「あんたにはかなわん」とよく言っていました（笑）。

——大林監督のお父さまはお医者さまでしたね。

ええ。最初、大林が尾道で「転校生」を撮るって言った時に、街の人たちが「大林先生の息子が何やっとるんじゃ、医者にもならんで」みたいなことを言われていましたね。

——ええ！　大林映画が尾道を活性化したと思いますが！

本当にそう言われていました（笑）。「転校生」が完成して、尾道市役所で試写をした時には、市長なんかが「大林家の息子が何ちゅうことやってる」「何ちゅう映画を作っとんじゃ」みたいな雰囲気でした。商工会議所の会頭をしていた中田さんだけがちゃんと見てくださいましたね。

――「撮影協力」のもう1人、宇根本忠信さんはどういう関わりをされたのですか。

監督の同級生なんです。小学校から高校までの同級生で、宇根本さんもなぜか成城大学に入って、大学まで一緒だったの。仕出し屋さんの息子なんですよ。だから、よく撮影中のお弁当を、彼にお願いしていました。「宇根さん、宇根さん」って言っていました。

――「転校生」といえば、男女が入れ替わっちゃう主人公を演じた尾美としのりさんと小林聡美さんに、とても魅力がありました。

そうですよね。2人とも14〜15歳の頃でした。

――キャスティングには恭子さんも参加されたのですか。

はい。聡美ちゃんは確か、監督が一発で決めたんじゃなかったかしら。尾美くんも聡美ちゃんも賢い子だったという印象があります。監督はね、賢い子が好きなんです。尾美くんはちょっと優柔不断でしたけどね(笑)。尾美くんはね、お魚が駄目なんですよ、食べられない。尾道でお魚食べられないでどうするの、っていう感じでした(笑)。だから、尾美くんをお肉料理のレストランに連れて行くのが、私の毎日の役目でした。

――小林さんの母を入江若葉さんが演じておられます。大林組の常連中の常連ですが、この時

が初参加ですかね。

そうですね。若葉ちゃんととんちゃん（峰岸徹）が「どっちが一番出てるか」と競い合っていましたね（笑）。聡美ちゃんにはお兄ちゃんが2人いる設定でね、上のお兄ちゃんを演じたのが中川勝彦さんという俳優さんだったんですが、いま活躍している中川翔子さんのお父さまなんです。早くに亡くなってしまって、本当に残念に思っています。下のお兄ちゃん役の井上浩一くんは、私のテニス友達の息子さんでした。お母さんがすごくテニスが上手でね、「息子が監督の映画に出たいって言ってるんですけど」って言われて、それで出てもらったの。

――尾美さんのお母さんが樹木希林さんでした。

希林さんは、「金田一耕助の冒険」が初めてのお付き合いじゃないかしら。「転校生」では尾道に来ていただきました。「さびしんぼう」にも出てくださいました。不思議な女優さんだなあと思いました。

――そしてなんといっても、尾道の風景ですよね。ロケ地を訪ね歩く聖地巡礼のはしりですね。もちろん私も大学生の頃から何度も行きました。

本当にそうですね。「転校生」からですね、大林のファンが尾道に来るようになったのは。フランスとかドイツとかアメリカに行きますでしょう？　すると、なぜか大使館にね、監督と私が招かれるんですよ。大使たちが「学生時代の夏休み、尾道に行きました」と監督にお話ししてくださいました。うれしいお呼ばれでした。とても幸せな体験でした。映画ってすごいなあって、思いましたね。

――是枝裕和監督も、大林映画を見て尾道に行った、と書かれていました。最初の尾道3部作の頃に学生だった世代が、いま、社会の中枢にいるんですよね。映画ってすごいですけど、こんなにすごい映画はなかなかありません。きっとロケハンには力を入れられたんでしょうね。

いえ、それがあまりロケハンをした記憶がないんです。監督はもう、本当に小さい時から尾道の街を走り回っていて、千光寺を登ったり下りたり、屋根から滑って降りてったとか、いろんなエピソードがいっぱいあります。だから、台本のあのシーンにはあの場所、このシーンはこの場所、というイメージが監督の頭の中にはすでにあったようです。ロケハンは、監督がイメージした場所に、カメラの阪本善尚さんやみんなを連れて行く、という感じでした。

――なるほど。そうでないと、あんなふうに街を魅力的には撮れないですね。

そうですね。監督が通っていた土堂小学校も撮影に使いましたが、尾道の端っこの山の中腹にあるんです。そこに行くのには、いっぱい道があるわけです。国道まで下りなくても、近道を知ってるんです。尾道は端から端まで熟知していました。ロケではどこに行っても「大林先生の息子さん」というのが付いて回っていましたね。「大林先生の息子が何やっとるんじゃ」みたいなね（笑）。

——坂道だらけの街ですから、機材を担いでの移動は大変だったでしょうね。

監督はほら、坂道に慣れているし、とても元気だから、スタッフは監督に付いていくの

80年代中頃　尾道の監督生家にて　父・大林義彦、母・千秋と

が大変そうでしたね。撮休の日は、大林家のお座敷に、私、カメラマン、メインスタッフ、みんな並んで横になって点滴をしてもらってましたね。１週間に一度くらいでしょうか、看護師さんが来て、元気になるように、疲れを取る点滴をしてもらいました。お座敷では、ご飯を作って、みんなに食べさせていたのを思い出します。20畳くらいのお座敷に長いテーブルを出してきて。俳優とスタッフが30人くらいいましたね。「ＴＯＭ」のママがすごく手伝ってくれましたね。当時のスタッフが「恭子さん、『転校生』は大変だったけど、あの撮影が一番楽しかった」って言ってくれるんです。とてもしんどかったけれど、夜間撮影はなかったんですよ。夕方5時とか6時に終わって、夏だから日が長いでしょ。毎日、帰りに海岸通りにあるアイスクリーム屋さんで監督がみんなにご馳走するわけですよ。だから、あの時が一番楽しかったって。「アイス最中」が有名で、今でもあるんじゃないかな、尾道の海岸通りに。撮影が終わった時にね、東京へ帰るスタッフたちを、監督と２人で駅のホームで見送ったんです。お金がなくて、皆さんには無理をさせたから、せめて愛情ぐらいは、って感じで見送りましたね。

――恭子さんにお話をうかがうので、久しぶりに「転校生」を見直しましたが、改めて傑作ですね。尾道に対する愛情がこもっています。

ありがとうございます。監督が小さい時から走り回っていた石段だとか、そういうのが全部使われていて、監督の思いがいっぱい詰まっていますから。やっぱり、この映画は特に監督のものだなって思いますね。

――尾道駅と駅前の港が映っていて、懐かしいなと思いました。もう今はすっかり変わってしまいましたからね。駅舎の横にあった日本食堂、初めて尾道に降り立った時に昼ご飯を食べたんですが、今はもうありません。再開発が進んで町の風情がなくなっていくことを、大林監督が生前、これは「街おこし」ではなく、「街こわし」だと、強い口調で言っていらしたのを思い出します。

そんなことを言うものだから、歴代の市長さんから、監督は敵みたいに嫌われていましたね。尾道をよみがえらせたのだから、もっと感謝されてもいいはずなのにね。なんで嫌われるんだろうと思ったら、大林が市長に立候補するんじゃないかという噂が飛び交っていたそうなんですよ。嘘みたいな話。信じられないでしょう?

――市長ですか！　監督は全然興味なさそうですよね。

全然興味ないですよ。

――でも、ちょっと市長になってほしかった気がします。そういえば、クリント・イーストウッドもカーメル市の市長を4年やっていました。大林監督が市長をやっていたら、きっとすごく良い街になっていましたよ。

そうね。そうかもしれませんね。想像できませんけど。

ほんと、青春でしたね。
寝ないで撮影しているのが楽しい、って時代だった。

――「時をかける少女」から「廃市」

――「転校生」に続く尾道3部作の2作目が「時をかける少女」。これは角川映画でした。角川春樹社長がオーディションで発見した原田知世さんの魅力が全開しています。薬師丸ひろ子さんの「探偵物語」(83年)と2本立てで、大ヒットしました。大林監督にうかがったことがあるんですが、「レコードで言うと、『探偵物語』がA面。こっちはB面だから気楽に自分たちの好きなことが出来ました。知世が演じた芳山和子は、実在する少女ではなく、角川さんと僕、おじさん2人が妄想する理想の少女として描きました」と。

知世ちゃんが当時14歳だったかしら。角川さんが自分の娘のようにものすごく可愛がっていて。たしか、撮影初日に尾道にいらっしゃったと思います。本当に楽しい撮影でした。当時は撮影が深夜に及ぶことがあって、夜中の0時を過ぎると、知世ちゃんがゲラゲラ笑い出すんですよ。笑いがもう止まらなくなっちゃう。「ゲラ子」「ゲラ子ちゃん」って呼んでいました。あれで眠気を覚ましていたのかしら。角川さん、ご自分でも知世ちゃんを監督なさいましたね。

――ええ。「愛情物語」(84年)です。角川さん、撮影が進むにつれ、知世さんがどんどん成長していくのを一番近くで見られる監督に嫉妬なさっていたそうです。それで知世さんの第2作が角

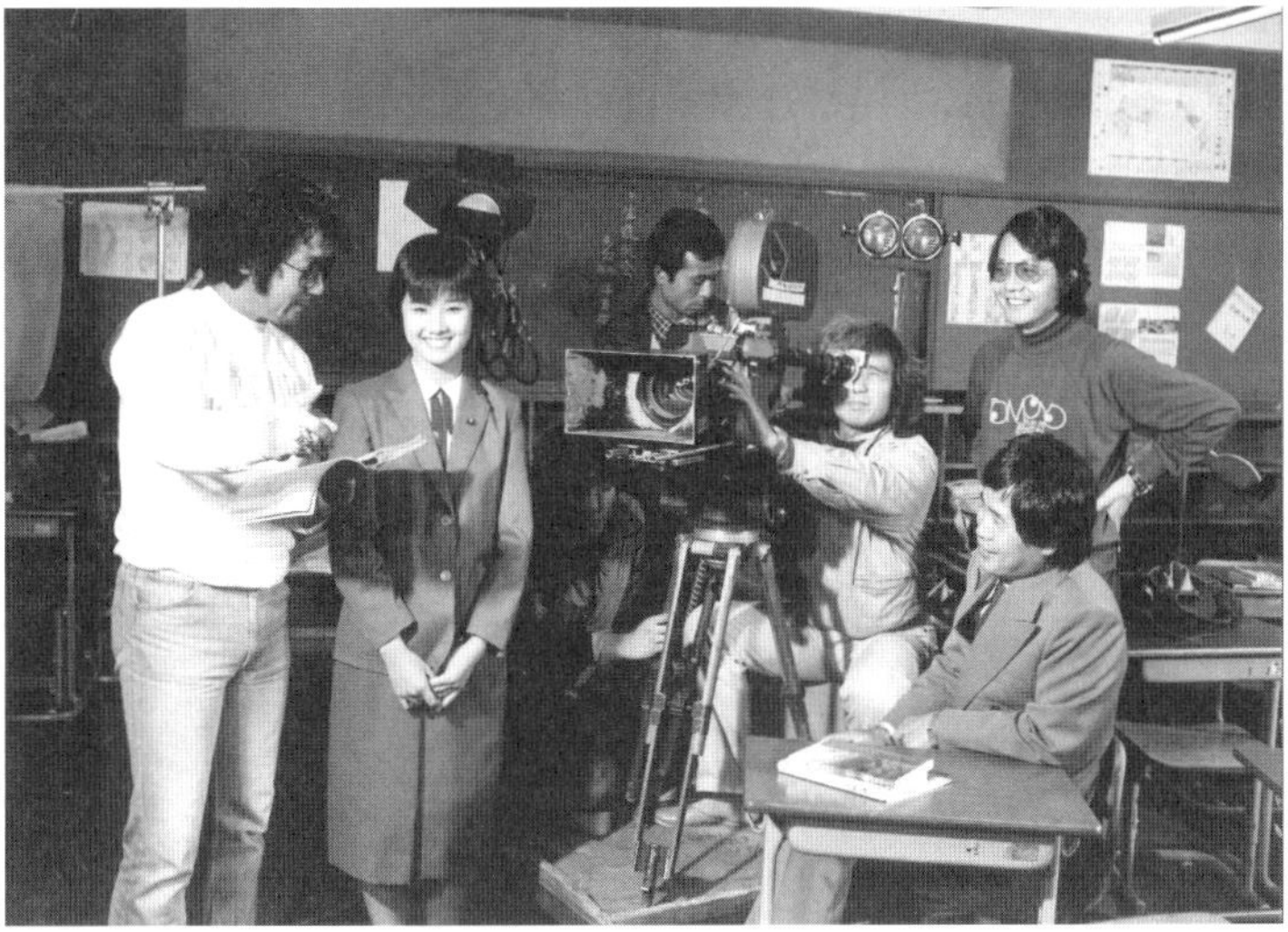
「時をかける少女」撮影時　左から監督、原田知世さん、手前右は角川春樹さん

川監督の「愛情物語」になった（笑）。

「時かけ」のカメラは阪本善尚さんでしたが、監督が自分でカメラを回しているシーンもあるんですよ。知世ちゃんが時空間をかけるシーンとか、時計がぐるぐる回るシーンとか。

――なるほど。映画全体はしっとり落ち着いた映像なのに、一部分だけがキッチュになっていました。そのギャップが面白かったです。

めまぐるしく絵が動くような映像は一部監督のカメラです。個人映画の時には監督が自分でカメラを回していましたからね。あれは、「青春デンデケデケデケ」（92年）の時だったか、撮影をしていたら、昔の伝統的なしきたりのお葬式の列が通ってね、亡くなった方を丸い樽のようなものに入れて担いで通りかかりました。そうしたら、監督が16ミリカメラを回しながら葬列に付いていっちゃって、「監督がいないぞ！」と騒動になったこともありました。

――知世さんの第3作は、再び大林監督の角川映画「天国にいちばん近い島」（84年）です。これもちろん阪本善尚カメラマン。ニューカレドニアの明るい風景がとても印象に残っています。

春樹さんが、知世ちゃんでもう1本、監督にお願いしたい、と考えられたんだと思います。撮影の前年に、監督と私、角川さんとロケハンに行ったんです。ウベアという島で撮影したんですが、その島には当時、13の村があって13人の首長さんがいてね、その一人ひとりにあいさつをして回りました。でも、私たちが行くとね、みんな警戒するわけです。どこからともなく村の人が現れて、こっちを見ているんです。私はちょっと怖かったです。首長と面会してね、「太陽はひとつ、死はなんとか、地はなんとか、人はなんとか」と言って握手をする。それで認めてもらえるんです。13人の首長、みんなと同じ言葉であいさつをしました。最初の「太陽はひとつ」というところだけ覚えていますが、大切な言葉が続くんですけど、あとは忘れちゃいました（笑）。

――角川さんと組んだ最後の作品になる「彼のオートバイ、彼女の島」（86年）は、原田知世さんのお姉さんの貴和子さんが主演デビューしています。

あの時はね、貴和子ちゃんが温泉に入るシーンがあったでしょう？　試写に貴和子ちゃんのお母さまが見にきておられて、お母さまがあのシーンをどうご覧になるか、何か言われたらどうしようって、私、ちょっとドキドキしていたんです。そうしたらお母さまが私のところに来られて「ありがとうございました。とっても綺麗に撮ってくださって、娘の生涯の思い出になります」とおっしゃったんです。その言葉に、私、じーんと涙しちゃいました。本当に綺麗でしたね、貴和子ちゃん。

――モノクロのとても美しいシーンでした。これもまた阪本善尚カメラマンですね。

あれは法師温泉で撮影したんです。阪本さんのカメラ、ほんとうにすばらしいですね。

――上原謙さんと高峰三枝子さんが出演した国鉄の「フルムーン」のCMを撮影した温泉ですね。これも大林監督の演出でした。

そうです。スタッフとキャストが同じ宿に泊まっていたんですが、監督と私が貴和子ちゃんを連れて、みんなでご飯を食べに行ったんです。善尚さんはお酒を飲まないので、参加しませんでした。私が撮影部のスタッフも預かって、一緒に飲みにいきました。そして宿に帰ってみるとね、貴和子ちゃんのお部屋に善尚さんからの手紙が入っていて、「夜遅くまで飲み歩くような女優さんは、私は撮れません」と書いてあった。怖～い（笑）。善尚さんは女優を美しく撮ることに定評がありましたからね。それ以降は気を付けるようになりました。善尚さんとはCMディレクターだった時代からの付き合いですから、いろんな思い出があります。素晴らしいカメラマン、撮影監督です。

——それにしても、監督と角川さんは名コンビですね。恭子さんは角川さんにどんな印象をお持ちですか。

ちょっと怖い印象がありますけど、私はとても素敵な方だと思っています。それはどうしてかというと、春樹さんは作品が出来ると、必ず初号試写を見に来られるんです。そして、いつも監督に向かって、「ありがとうございました」とだけ言って帰るんですよ。ほかには何にも言わない。いつもただ「お任せします」と言われていました。本当に、大林を信頼してくださっていたのですね。

初めて監督が春樹さんにお会いしたのは、春樹さん行きつけの銀座のお店でした。帰宅したのが夜遅くて、もう0時過ぎていたんですが、その時にものすごく大きな花束を抱えて帰ってきたんです。その日は私の誕生日でね。春樹さんがそれを知って、大きな花束を買って、監督に持たせてくれたんです。だから、私は春樹さんのことをなんて優しい方だと思いました(笑)。

——「時をかける少女」(83年)と「天国にいちばん近い島」(84年)の間に「廃市」と「少年ケニヤ」がありました。

あの頃が一番忙しかったですね。83年の夏の終わりにたまたま2週間の休みがあったんです。その2週間で、福岡県の柳川に行って「廃市」を撮ろうということになりました。監督が「この指とまれ!」って言って、スタッフがみんなとまってくれました。メインスタッフはノーギャラ。俳優さんもノーギャラ。一般スタッフにはきちんと払いました。でないと作れませんよね。予算は2000万でしたから。

――休みを使って、映画を1本撮っちゃうとは! しかも傑作です。

柳川ではみんなにホテルをちゃんと取ってあげたんですけど、誰もホテルのベッドでは眠れませんでした(笑)。

――ええ? どうしてですか。

毎日、明け方まで撮影が続いたからです(笑)。私がホテルに戻って「みんな寝たかなあ」と思うと、ドアが開いている部屋があって、助監督がビールを片手に持ったまま椅子に座ってこっくりこっくりしていたりして。ほんと、青春でしたね。寝ないで撮影しているのが楽しい、って時代だった。とんちゃん(峰岸徹)と若葉ちゃん(入江若葉)が睡眠薬を飲んで心中するシーンがあったんだけど、心中死体なのに、いびきの音が聞こえてきて(笑)。照明を浴びているうちに、ホントに寝ちゃっていました。ぐうぐういびきをかいて監督に怒られていましたね。「廃市」の時は、とんちゃん、怒られてばっかりでしたね。

愛されてたんです。

――大林組の常連で、監督も言いやすかったんでしょうね。

撮影初日にはこんなことがありました。とんちゃんは、心中するような役柄だったから、少し痩せなきゃいけなかったんです。でも、これからハードな撮影が待っているから、私

「廃市」撮影時　柳川にて

が「今日だけご飯をご馳走してあげる」ってね、柳川名物のうなぎせいろの有名なお店に連れてったんですよ。2人で行ったのがいけなかったんですね。お店から出てきたら、監督にばったり会っちゃった。「何をやってんだ。お前たちは」って(笑)。撮影中はずっと食べられないだろうから、今日だけは食べさせてあげようと思ったんですけどね。

――峰岸さんと入江さん、お二人も大林映画のアイコンですね。

とんちゃんと若葉ちゃん、どっちが大林映画に多く出ているか、数えたことがありました。その時はとんちゃんの方が多かったのかな。やっぱり70年代から出ていますので。とんちゃんは家が近所でね、散歩の時は必ずうちに寄って、コーヒーを飲んで、また歩く、みたいな感じでした。「天国にいちばん近い島」に出演してもらったみいちゃん(峰岸美帆)という小っちゃな娘さんを、彼が一人で育てていたんです。ですから、一緒に連れてってあげました。

――2008年に65歳で亡くなられました。まだまだ活躍してほしかったです。

そうですね。監督とは77年の「瞳の中の訪問者」からですからね。亡くなるちょっと前に、近所ですから、監督とお見舞いに行きました。帰り際、とんちゃんは寝ていたのに起きてきて、「恭子さん、体に気をつけてね」って、ひと言。それが最後の言葉だったの。忘れられません。

――「ねらわれた学園」では白タイツの魔王子でした。

監督はもうやりたい放題でしたから（笑）。

――入江若葉さんにもいろんな役をやらせてましたね。キザな眼鏡をかけてＰＴＡの会長とかやっておられました。

若葉ちゃんて、華やかでお嬢さまですが、とても面白い方なんです。お二人はもう、いろんなことをやってくださいましたよ。お二人とも、積極的にアイデアを出してくるんです。でも、作品が下品になったことはなかったと思います。

「東京物語」は、監督は大好きでした。
小津さんの映画はみんな大好きですね。

――「天国にいちばん近い島」から「姉妹坂」

――「廃市」の後、アニメ「少年ケニヤ」を挟んで、大林監督は原田知世さん主演の角川映画「天国にいちばん近い島」を南太平洋のニューカレドニアで撮影します。

当時、日本とニューカレドニアは、飛行機が週に1往復しか飛んでいなかったから、一度行くと1週間滞在しないといけなかったんです。とても楽しかったですね。ニューカレドニアのイルデパン島で忘れられないのがエスカルゴです。大きなボールにいっぱい入って食卓に。でも、翌日、撮影で森の中を歩いていると、ものすごく大きなエスカルゴがごろごろいるの。日本のカタツムリと全然違っていました。夕べ食べたのはこれかしら？なんて、みんなで言いながら撮影をした記憶があります。

――イルデパン島とウベア島の風景が印象に残っています。

ウベアはね、一つひとつの宿が小さいので、2班か3班に分かれて別々に泊まりました。日本からお米やらなにやらいっぱい食料を持っていったので、私、厨房に行ってスタッフのためにご飯を炊いたりしていたんです。厨房では現地のおじさんたちが働いていました。彼らがなにか話しかけてくるんだけど、私には言葉が分かりませんでした。後から聞いたら、当時のウベアはね、厨房に女の人が入ってはいけないというしきたりがあったらしいんですよ。私ね、怖いもの知らずだから、ご飯を炊いておむすびを握って、おじさんたちにあげたんです。そしたら、みんな美味しい美味しいと言って食べてくれた(笑)。それから撮影の間はずっと厨房を使わせてもらっていました。

——さすがです！　恭子さんのおかげで女性が厨房に入れないというしきたりがなくなったんじゃないですか。

かもしれませんね(笑)。ほんとに綺麗なところでしたね。砂が真っ白でね。

——まさに天国にいちばん近い島でした。

「天国にいちばん近い島」のロケ撮影ではね、みんなでグルになって若葉ちゃんをだましたことがあるの。

——「転校生」以来、大林組の常連になっていた入江若葉さんですね。現地で暮らす女性マダム・ヒロコを演じていました。

ニューカレドニアには、乙羽信子さんや泉谷しげるさんやとんちゃん（峰岸徹）ら日本からたくさんの俳優さんが行っていました。小林稔侍さんもツアーガイドの役でいたんです。泉谷さんが稔ちゃんのことを「ネンジー、ネンジー」って呼んでいたんだけど、そしたら、若葉ちゃんが「ネンジー」は現地の人かと思い込んじゃった(笑)。若葉ちゃんって、そういうお嬢ちゃまなの。それを知った泉谷さんが「こうなったら、もう最後まで騙そう」と言い出して。帰国するまでの1週間、最後までみんなで騙し続けたの。乙羽さんもグルになって。スタッフも全員だったから、60〜70人はいたかしら、全員で騙しました（笑）。

――まったく気づかないところが若葉さんらしいですね（笑）。それでどうなったんですか。

若葉ちゃんが帰国してテレビを見ていたらね、稔侍さんが出てきたんですって。それで初めて気づいたんだそうです。若葉ちゃん、落ち込んじゃったんですよ、「稔侍さんにすごく失礼なことしちゃった」って。「そんなに有名な俳優さんを全然存じ上げなくて、申し訳なかった」って言ってね、ものすごく落ち込んじゃった。セットでの撮影が残っていましたから、私、スタジオ

「天国にいちばん近い島」撮影時　ニュー・カレドニアにて

で土下座して謝りました。みんなを代表して「若葉ちゃんごめんなさい」ってね。ほんとに、スタジオの床に頭を付けてね。本当に善い人なんですよ、若葉ちゃん。

――目に浮かびますね。もう、最高です。

若葉ちゃんのご主人が銀座でトンカツ屋さんをやっていらして、若葉ちゃんも手伝っていたんだけど、そのお店に、若葉ちゃんのお母さまの入江たか子さんも時々、出ていらしたんです。そうするとね、入江たか子さんに会えるということで、丸の内界隈の大きな会社の偉い紳士の方々が、若い頃にたか子さんのファンだったんでしょうね、大勢やってくるんです。

――私も行きたかったです。

行ってないの？　それは残念ねえ。私がすごく感動したのはね、たか子さんって、すごくお綺麗じゃないですか、でもね、「見て。恭子さん、私の手、すごいでしょ」とおっしゃるの。たか子さんの手を見ると、白魚のような指じゃなくて、ごっつい感じなんですよ。昔、猫をやってたから、と猫の手をまねて見せてくれるの。陶芸をやっていらして、「土をこねたりするのにとても役に立つのよ」って。そのアンバランスがとても素敵だなあ、と思いました。

――たか子さん、「時をかける少女」「廃市」「麗猫伝説」（83年）と、3本の大林作品に出ていら

っしゃるので、今度はたか子さんの手に注目して見てみたいと思います。
監督も若葉ちゃんのことはずいぶん可愛がっていましたからねえ。最後の映画まで、もういろんな作品にちょこっとでも、うん、お遊びみたいに出ちゃうみたいな感じでしたね。

――次の「さびしんぼう」では、若葉さんは、眼鏡で金歯のＰＴＡ会長を演じていらっしゃいました。小林稔侍さんも、主人公の尾美としのりさんのお父さん役で、お寺の住職をひょうひょうと演じておられました。「さびしんぼう」が作られて、「転校生」「時をかける少女」と合わせて「尾道3部作」と呼ばれるようになりました。

稔ちゃんは「天国にいちばん近い島」からの長い付き合いになりました。高倉健さんの映画のヤクザのイメージが強かったですからね。稔ちゃんが新しい側面を見せるようになったのは、大林の作品がきっかけの一つだったかもしれませんね。監督が亡くなった時、いち早くひとりで来てくださいました。急に思い立って駆けつけてこられたという感じでした。本当に寂しそうにしていました。

――稔侍さんといえば、「さびしんぼう」の公開とちょうど同じ年に、山田太一さん脚本のドラマ「ふぞろいの林檎たちⅡ」で、吉行和子さんのラーメン店で働く寡黙な男性を演じておられていました。

「さびしんぼう」の撮影で覚えているのは、尾道に雪が降ったことですね。尾道に雪が降るのはとても珍しいんです。私はあの時以外、見たことがありません。お寺のシーンを撮る朝にね、すごく早い時間に助監督さんから電話がかかってきて、「あの、雪なんですけど。どうしましょうか。消しておきましょうか」って。監督は「とんでもない」と大喜びでした。それで雪のシーンができたの。本当にびっくりしました。だから、あの雪は本物なんです。

――大林監督は雪や雨がお好きなんですか。

そうですね。雨は大好き。「さびしんぼう」は尾道の西願寺で撮影させてもらったんですが、夜の石段のシーンでは本当の雨が降ってきました。そのうえに何台もの消防車で水を足して、「大雨降らし」をしました。

――消防車、使うんですね。

そうです。本物の雨だけでは映らないんですよ。「ふたり」（91年）の時は、尾道の浄土寺さんっていう国宝級のお寺を使わせてもらいました。お庭には綺麗に箒で掃き目が付いているところに、監督が消防車で「雨降らし」をして、お庭をめちゃくちゃにしちゃった（笑）。でもご住職は何もおっしゃらずに、広い心で見てくださいました。音楽会のピアノのシーンです。浄土寺はね、小津安二郎監督も「東京物語」（53年）で使われていました。映画の思い出がたくさんあるお寺なんです。

――「東京物語」の頃は、大林監督は尾道にいらしたんですよね。

そうですね。小学生くらいだったのかしら。なんかね、エキストラじゃないけど、撮影を見に行った、と言っていました。「東京物語」は、監督は大好きでした。小津さんの映画はみんな大好きですね、やっぱり。何回も見ていたんじゃないかしら。成瀬巳喜男監督

80年代　スウェーデンにて　中央は娘・千茱萸（ちぐみ）

や溝口健二監督の映画も、もちろん大好きでしたね。

――尾道と言えば、新藤兼人監督も縁が深い土地ですよね。

新藤さんは、本当に尾道によく入られて撮影なさっていました。あれは「さびしんぼう」の時だったかな。新藤さんがいらしているというんで、何か差し入れをしたいなと思ったんです。新藤さんはいつも海岸通りにある、和風の旅館に泊まるんです。それで、うちのスタッフに聞いたら、4人でいらしているみたいですよと。つまり、新藤さんと、奥さまの乙羽信子さんとカメラマンと制作の方の4人で来られていたんです。そんなとこにね、変にね、お邪魔したら申し訳ないなと思いました。こっちは60~70人の大所帯で来ているから。「天国にいちばん近い島」のすぐ後だったので、乙羽さんにもごあいさつしたかったんですけどね。独立プロダクションだから、いつも地味にいらして、さっと撮ってさっとお帰りになる感じだったの。あ、「さびしんぼう」には、大森一樹監督が一家で出演しているんですよ。

――え？　そうなんですか。恭子さんと大林監督は、大森さん夫妻の仲人をされたんですよね。

ええ。大森君は神戸の実家に帰ったついでに、尾道に足を伸ばして会いに来てくれたのだったと思います。「じゃあ、出てよ」という感じで、商店街のシーンに、奥さまと子どもと一緒に、買い物客としてちょこっとエキストラ出演してもらいました。

――「さびしんぼう」の次は「姉妹坂」（85年）でした。紺野美沙子さん、浅野温子さん、沢口靖子さん、富田靖子さんの4姉妹の物語。相米慎二監督の「雪の断章―情熱―」（85年）と2本立てで東宝の正月映画でした。

「姉妹坂」の撮影の時に、御巣鷹山の日航機墜落事故が起こったんです。東宝映画の製作だったので、私は関わっていませんが、大林は長崎ロケがあって、飛行機に乗らないで、列車で往復していました。あの事故では、マンダムのCMなどでご一緒した大阪の電通の方々が亡くなったと聞きました。だからとても記憶に残っています。

眠る前に2時間は翌日の撮影の予習をしていました。
だから現場で迷わないんです。

――「ふたり」「はるか、ノスタルジィ」「青春デンデケデケデケ」

――「ふたり」のロケをした尾道の浄土寺は、小津安二郎監督の名作「東京物語」にも出てきます。

ええ。浄土寺さんって国宝級のお寺なんですけれども、お庭も綺麗に箒で整えてあるんです。そこに監督が消防車を使ってホースで雨を降らしてね、お庭がめちゃくちゃになったことがあったけれど、ご住職は何もおっしゃらずに、広い心で見てくださいました。

――小津監督が「東京物語」の撮影に来た時のことは、大林監督は覚えていらしたのですか。

監督はね、小学生くらいだったのかしら、ロケを見に行ったと言っていました。あの小津さんの「東京物語」ですからね、びっくりですよね。広島出身の新藤兼人監督もよく尾道で撮影なさっていたそうです。

――「ふたり」の次が「青春デンデケデケデケ」ですね。

いや、公開の順序が逆になりましたが、先に「はるか、ノスタルジイ」(93年)を撮りました。

――「はるか」も重要な作品だと思います。

あれは「転校生」の原作者の山中恒さんが自伝みたいな話を書き下ろしてくださったん

「ふたり」撮影時　左から久石譲さん、監督、撮影監督・阪本善尚さん、石田ひかりさん

「ふたり」撮影時　左から大林夫妻、高柳良一さん、赤川次郎さん

です。たまたまね、山中さんと私が銀座にあった東急ホテルで対談をしたことがあって、終わって外に出てきた時に、山中さんが近くの国立がんセンターを指して「僕、もうじきあそこに入院なんだよ」と言ったんですよ。それで私が山中さんに「もう1本、一緒にやりましょう」ってその時約束したんです。

――いまもお元気で何よりですね。舞台は山中さんの故郷である北海道の小樽でした。

ええ、あれは全部、小樽で撮影しました。監督が撮影していた場所に、山中さんが陣中見舞いに来たんですけど、山中さんがすっごく驚いてね。

――何があったんですか？

ここ、僕が生まれた家があった場所だよ！って。監督にはたまにそういうことがあるんです。いろんな場所をロケハンした挙句に使おうとしたのが、山中さんの生家があったところだったなんてね。ちょっとざわざわするでしょう？

――大林監督は何かを持っていますね。

そうなの。しゃべっててもざわざわしてきます。小樽は本当にいい街でね。坂があってね、坂を降りたら海があってね。昔は海が銀色に輝くぐらいのニシンが獲れたそうです。「ニシン御殿」っていうのも今も残っていると思います。

――小樽はよく映画やドラマの舞台になりますね。

いろんな殺人事件とかサスペンスもので、よく小樽でロケーションが行われていた時代だから、小樽の市長さんが監督に向かってね、「今回、初めていい作品に来てもらった」っておっしゃったんです。監督と顔を見合わせて「どうしよう」って（笑）。「殺人事件じゃなく、ちゃんとした映画を撮っていただけてうれしいです」って言われて、「ちゃんとした映画？」みたいな（笑）。

――市長さんは映画をご覧になっての感想だったんですか？

いえいえ、撮る前です。完成した後の感想は特にうかがっていません（笑）。ちょうど6～7月の撮影だったのでね、本州は梅雨ですけど、北海道は一番いい季節なんです。花という花が咲き乱れて、春と夏がいっぺんにやって来るみたいなね、だから撮影は楽しかったですね。小樽の近くの朝里川温泉でも撮影しました。「わあ、北海道って、なんて素敵なんだろう」と思いました。

――坂のある街。尾道との共通点がありますね。坂は映画と相性がいいですね。

本当に坂が素敵な街でした。ただ、歩いて登ったら、やっぱり尾道と同じで、大変だなと思いながら（笑）。撮影は大変なんです。特にスタッフがね。まあ、小樽の坂は車の道だからいいですけどね。尾道は石段だから車が上がれないでしょう？　だからスタッフは機材を抱えて、てくてく登っていくしかなくて。実は山の裏側から回れば車でてっぺんまでは行けるんですけどね。照明部なんかは車でばーと裏から入るんだけど、逆に今度は下に降ろさなきゃならないのですよ。

――「はるか、ノスタルジイ」は、大林監督が「この時点での自分の集大成だ」とおっしゃっていて、恭子さんが「この映画を撮らなきゃいけない」って言うから撮ったんだ、っておっしゃっていました。

そうなの？　全部、私のせいにしちゃうんだから(笑)。「はるか」は、製作費がたっぷりあってのお仕事だったので、とても優雅な撮影でしたよ。最初はね、カメラは長野重一さんで行くはずだったんですよ。

――「日本殉情伝　おかしなふたり　ものくるほしきひとびとの群」(88年)「ふたり」と撮影を担当されましたね。

ロケハンは長野さんで行って、本編は阪本善尚さんでした。長野さんとロケハンした時が真冬でね、初めて知ったんですけど、小樽は雪が下から舞い上がってくるんですよ。

――そういう台詞がありましたね。

それを聞いたのは最初のロケハンの時ですね。だから冬景色の撮影は長野さんなんです。長野さんが都合が悪くなって、善尚さんにお願いしたはずです。

本編の撮影の時はね、小樽がさくらんぼの季節でした。さくらんぼ農園のご主人がね、スタッフにたくさんさくらんぼを差し入れしてくださって、その思い出がすごいです。綺麗で美味しくてって感じで。なんかそういうことはよく覚えているんですよね（笑）。

――北海道はこの小樽と、「風の歌が聴きたい」（98年）の函館と、「野のななのか」（14年）の芦別ですね。函館も坂の町です。

函館もいいところですね。函館はね、朝市が面白かったですね。

――朝市には監督もご一緒なさるんですか。

ええ、もちろん。どこにでもくっついてくるわよ（笑）。撮影に入るとそうもいかないけれど、ロケハンの時などはもう全部一緒。

――監督も食べ物にはこだわりがある？

いや、うるさくはなかったですね。好き嫌いはあるはずなんですけど、言わないんですよ。何で好き嫌いが分かるかって言ったら、残してあるからなんです（笑）。

――「はるか、ノスタルジイ」のセットは豪華だったそうですね。

成城の東宝スタジオだったんですけど、もうスタジオの人たちがびっくりしちゃって。「こんなセットは何十年ぶりに見たよ」って言ってました。それがなんか噂になったみたいでね、ヘラルド・エースの社長さんだった原正人さんがわざわざ見に来られたんです。「恭子さん、なんかえらいことをやってるんだって？」と。あの頃の東宝スタジオには大プールと小プールがあったんだけど、小プールに橋を渡して、娼家街を全部オープンセットで作っちゃったんです。

——娼家だけじゃなく?

ええ。公園なんかもスタジオセットです。八王子の方から樹木をトラックで運んできてね。東宝美術の方々は本当に喜んでくれて、頑張ってくれました。懐かしかったみたいですね。昔はね、みんなセットでやっていたわけですからね。「はるか」は監督にとってはスタジオを思い通りに使って、やりたいように出来たんじゃないかしら。あの娼家街、うまくできてたでしょう? 誰もオープンセットと思わなかったみたいですよ。

——確かにそうですね。

山中さんに言わせると、小樽にはああいう娼家街が実際にあったそうですよ。船乗りさんのための娼家街が栄えていたみたいです。

——山中さんの原作は結局何本作られたんですか。

ええと、4本ですね。「おれがあいつであいつがおれで」が「転校生」になったのが最初で、「なんだかへんて子」が「さびしんぼう」に、そしてこの「はるか、ノスタルジイ」と、「とんでろじいちゃん」が「あの、夏の日—とんでろ　じいちゃん—」です。

——気が合ったんですかね、山中さんとは。

そうですね、山中さんはやっぱり作家ですし、監督もね、昔は小説家になろうと思ってたぐらいですから。そういう意味では、山中さんは、自分の作品に対する監督の理解力というかなにかを、すごく好きでいてくださったし、監督も山中さんの世界をとても面白がっていました。だからとても仲が良かったですね。山中さんが東宝スタジオに陣中見舞いにいらしたことがあってね。山中さん、誕生日だったんですよ。出演していた勝野（洋）ちゃんも誕生日が近くてね、あとスタッフにも誕生日の近い人がいたので、私が成城の花屋さんにお祝いの花を買いに行ったの。そしたら、そのお花屋さんにトリカブトがあったの。

——え！　よく殺人に使われる、あの毒のあるトリカブトですか？

そうそう。ちょうどあの頃もトリカブトの殺人事件があったの（笑）。それで私がジョーク半分に、そのトリカブトで花束を作ってもらって、山中さんに渡したの。もう会う度に「恭子さんがトリカブトの花束をくれた」って言われました（笑）。

——見た目は美しいんですか。

ええ。青っぽい色がとても綺麗な花でした。ほかの花の中でもすごく目立っていたんですよ。それで、「じゃあもう、これにするしかない」って。「今をときめくトリカブトだし」って（笑）。勝野ちゃんやみんなにトリカブトをあげたんです。だから今でも大笑いで思い出してくれますよ。「はるか」の小樽ロケでは印象に残ることがありました。

――なんでしょうか。

スタッフたちがよく夜に行ってたんですけど、70歳以上のおばあちゃんだけがやってるナイトクラブがあったの。おじさんたちは通ってましたよ。しわくちゃのおばあちゃんたちがドレスを着ているんですって。みんな喜んでたわよ。「芋、食べるかい?」って言ってどこから出てくるかと思うと、スカートをめくってその下から出てくるんだって(笑)。今でもあるかしら。有名だったみたいですよ、なんか小樽らしくて面白いなと思って。

――「その女、ジルバ」というドラマがありました。草笛光子さんがママで、大林組でもおなじみの品川徹さんがマスターでした。

そうなの? 小樽の店がモデルだったりしてね。本当は私も行ってみたかったんだけどね、さすがにちょっと遠慮して。女の人は誰も行かなかったみたいね。あれ、1990年ごろですもんね。もう30年以上経ってるわね。

――ホステスさんたち、元気だったら、もう100歳超えています!

ね、面白いわよね、ああいう港町にそういうお店があるっていうのは、なんかね、すごく面白いなと思って。やっぱり昭和っぽいわね。あれ? 昭和っていつまででしたっけ。もう平成でしたね。昭和の名残みたいなお店だったんじゃないかしら。

――監督も行かれたんですか。

行かないです。行くのはね、照明部の親分とか、録音部の親分とか、そういう年配の人たちでした。若いスタッフは行かなかったですね。

——ところで、「はるか、ノスタルジイ」はどうしてそんなに製作費が潤沢にあったんですか。

「ふたり」の時に、川島国良さんという老舗の織物会社の社長さんが「自分の子供たちに大林監督の作品を残したい」っておっしゃってくれたんです。同じ頃にNHKからもハイビジョンで作品を作ってほしいという依頼があって。ちょうどその頃、武市好古さんという評論家の方が電話を掛けてこられて、「赤川次郎さんの『ふたり』は大林さんがやるべき作品だよ」って言ってこられたんです。それが重なって作品になったのが「ふたり」でした。NHKでもハイビジョンドラマとして放送されたんですが、民間の方の名前がNHK作品で製作者として登場したのは初めてだって言われました。私は、どうしても川島さんのお名前を出してほしいと、NHKの中村季恵さんというプロデューサーにお願いしたら、すごく立派ないい方で、「分かりました」ということで、NHKのドラマに川島さんや私の名前が製作者としてクレジットされているんです。NHKがよく私のお願いを通してくださったなと思っています。監督はその頃、NHKによく出演していた時代だったので、そういうこともあったのかもしれません。「クローズアップ現代」にも出ましたから（笑）。

——その川島国良さんが「はるか」にも出資してくれたんですね。

そうです。「ふたり」はまだNHKと折半でしたが、きっと喜んでくださったんだと思います。「はるか」には全額出してくださったんです。ただ、次の「青春デンデケデケデケ」の時にも出資しようとしてくださっていたんですが、会社の経営状態が悪くなられてしまって。私が銀行から初めて1億円のお金を借りることになりました。

――映画のプロデュースは億単位のお金が動きますから、本当に大変ですよね。

そうなんです。映画が完成した後、私、体を壊してしまいました。そしたら年が明けてすぐの1月初めに、ずっと大林組の美術監督をやってくださっていた薩谷和夫さんが亡くなって。さっちゃんは「HOUSE」から一緒にやってましたからね。「水の旅人　侍K

パリにて　美術監督・薩谷和夫さんと

IDS」（93年）の準備中に倒れたんです。その翌月の2月には、私が若い頃から可愛がってくださった本多猪四郎監督が亡くなられました。ショックが重なって、なんだかすごく落ち込んじゃいました。

――1993年はつらい年だったのですね。

でもね、悪いことばかりじゃなかったんです。その後20年続いた「星の降る里　芦別映画学校」が開校した年でもあるんです。私は体調が悪くて、1回目だけは行ってないんですけどね。

――「青春デンデケデケデケ」も無事完成して、たいへん評判になりました。

私、「デンデケ」の時は、ちょっと失敗したなと思ってることがあるんですよ。あの時にね、東宝の確か調整部長だった高井英幸さん（後の東宝社長）が初号試写を見にいらして、「恭子さん、東宝の劇場をゴールデンウィークに空けるから一緒にやろう」って言ってくださったんですよ。だけども、当時、お金がなくて、年内に公開すると言ってくださった東映に乗っちゃったんです。目先のお金が欲しかったから。「デンデケ」はいろんな賞はいただきましたけど、「もっと多くの人に見てほしかったな」っていうのがあります。東映も「時かけ」を当ててくださったり、昔からのお付き合いがありましたし、でもちょっと慌てすぎたかな、と。年内公開だと、宣伝期間が全然なかったから。

――宣伝期間の有無は大きいですね。

高井さんがおっしゃってくださったのは、半年宣伝期間に使って、ゴールデンウィークに公開するといいうね。「これは恭子さん、すごくいいと思うよ」って言ってくださったのに。私の失敗談です。

――プロデューサーは本当にいろいろ重大な決断を強いられますよね。

そうですね。やっぱり配給に関しては、私も監督もあんまり知らないんです。プライベートフィルムから来ているから。だから、やっぱりね、プロに任せるところは任せた方がいい、って思いましたね。そこまで判断するって、やっぱり難しいですね。「ふたり」と「はるか」にも出資してくれた川島さんのためにも頑張らないとと思っていました。

――あの頃、バブル経済がはじけたんですよね。

ええ。いろんな撮影がポシャっちゃって、あちこちから「恭子さん、お金は要らないから、大林組に付きたい」みたいなことを言われて、もうなんかねスタッフが150人ぐらいに膨れ上がっちゃった。だから私、150人分のご飯を全部自分で作ってました。「はい、並んで！」みたいなね、給食のおばさんをやってました。いろんなことやってるわね。何だろう、大変かっていえば大変ではあるんですけど、なんかみんな楽しそうにやってましたね。作品が作品だからかしら。

――「デンデケ」は主人公たちが使う香川の言葉も印象に残ります。

初めて監督が、郷土の方言を使って撮った作品なんです。それまでは、全部標準語でした。尾道の映画も全部標準語でしたからね。撮影前、監督と私はフランスにいたんですが、監督が「観音寺の言葉を使う」って言ったので、男の子たちには1カ月ほど先乗りしてもらって、街に出て女の子をナンパできるぐらいの言葉を修得しておけ、という監督命令がフランスから出ていました。

――尾道でも標準語だったのに、どうしてこの映画に限って方言だったんですか。

芦原すなおさんの原作小説の魅力をね、そのまんま映画に移し替えるには、やっぱり方言、観音寺弁を使わないと面白くないだろうっていうことでした。撮影は年末から入りました。とても寒かったのを覚えてます。めちゃくちゃ寒いのに、夏の設定だから海のシーンなんかがあるわけです。監督は、まず自分がパンツ一丁になって海に入っていって、「大丈夫だぞ!」って。顔の汗は霧吹きの水なんですよ。

――それは大変だ。真冬なのに夏の感じを出すのは難しそうですが。

いや、それが、監督が言うには「夏のシーンは冬に撮るっていうのは、昔から映画界ではよくあることで、実は冬の方が夏らしく撮れるんだ」とのことでした。

――なぜでしょうか。

「暑い」という演技をみんながするからかしらね。俳優さんたちだけじゃなく、スタッフも霧吹きで汗を丁寧に吹き付けたり、いろいろ努力をするからね。「デンデケ」を見るとね、夏だなあって思えるんですよ。本当は真冬なのにね。あの時は、観音寺と尾道は近かったから、お正月休みは独身のスタッフたちを連れて尾道に戻ったんだと思います。

――借金はどのくらいで返せたんですか。

3年ぐらいで返しました。監督も働きましたよ（笑）。90年代はね、監督、講演を依頼されることがすごく多かったですね。それは、学生時代に大林映画で育った方たちが、みんな役所や会社に就職して、それなりのポストに就いたからでね。それで監督を講演に呼んでくれるんです。ある年の春に、鹿児島で講演をしたんですが、ちょうど桜が咲いててね。次の講演先、その次の講演先でも桜が咲いているんです。監督と私、桜前線に乗って、結局、北海道まで講演して回ったことがありました。それでお金を返せたの。本当に助かりました。あの時、講演に呼んでくれた人たちのおかげです。ほんとありがたいなと思って。映画ってすごいですよね。監督が、監督の映画が皆さんに愛されていて本当に良かった。

――芦別の映画学校もそんな大林ファンの熱意で生まれたんだそうですね。

そうなんです。彼は芦別市役所の若手職員でした。鈴木評詞くんと言います。ある日突然、私たちの自宅を訪ねてきたんです。監督は不在でしたが、私は家にいました。まだ体調が戻っていなかったからだと思います。鈴木くんは「大林監督の映画学校を芦別でやりたいんです」って言いました。「どうしてですか」と聞いたら、「さびしんぼう」で監督の映画が好きになって、尾道にも出掛けたんだそうです。芦別でも尾道のような映画を撮ってほしかったんですね、きっと。本当に優しくて、良い青年だったんです。芦別はとても星が綺麗なところなんですよ、だから「星の降る里芦別映画学校」。93年に始まって20年続きました。でもね、鈴木くんは映画学校が始まって5年目に病気で急逝してしまったんです。芦別を舞台にした映画「野のななのか」が完成したのは鈴木くんが私たちの家を訪れてから20年目のことでした。

――その映画学校では、監督はどんなことをなさっていたんですか。

毎年出掛けていって、1日は監督がその年に作った映画を上映して、それから講演をして、それとね、若い監督を育てようということで、全国から3分間の短編映画を募集することもやりました。映画学校でその審査と発表をしていました。いま監督として活躍している呉美保はそれに応募してきた女の子だったんです。彼女の短編、すごくよかったんですよ。監督も「すごく面白い」って言って、その年のベスト1にしたんです。表彰式に彼女も来てくれました。彼女は大阪芸大だったんだけど、卒業して「監督の事務所で働かせてください」みたいなこと言われて、本当に来ちゃったんです。「なごり雪」(02年)では記録をやってもらいました。記録はね、毎晩必ず演出部と打ち合わせがあるんです。だからすごく勉強になったのではないかしら。うちにいたのは2～3年くらいだったと思いますけど。

――それは勉強になったでしょうね。

監督はとにかく、どんなに夜中遅く撮影が終わっても、眠る前に2時間は翌日の撮影の予習をしていました。だから現場で迷わないんですよ。監督によっては、現場で考え込んじゃって撮影が止まっちゃうことがあって、でも大林の場合はそういうのって一切ないんですよ。もう嬉々としてもう、次々と撮影しちゃうので、逆にスタッフの方が考える暇がなくて大変だったかもしれないです。

――撮影が深夜に及ぶこともあったでしょうね。

どんなに遅くても、お布団に入る前に、必ず台本に書き込みをし、プランを練っていました。結局、私も寝られないからよく覚えてる。必要だってことも分かるから、文句も言えないし（笑）。昔はコピーなんてなかったから、助監督たちが大林の台本を真ん中に置いて、みんなで書き写していくっていうのが朝の日課でした。今でも目に浮かびます。こんなに書き込みがあるの～？　みたいなね。でもさすがにみんな、「え～～」と言いながらもうれしそうでしたね（笑）。

一つひとつ、気に入られなければ次の作品はないぞ、
という気持ちでした。

——「野ゆき山ゆき海べゆき」「おかしなふたり」
「異人たちとの夏」「北京的西瓜」

――「野ゆき山ゆき海べゆき」の音楽には大林監督の名前がクレジットされています。

宮崎尚志さんというね、監督と仲の良い作曲家がいたんです。コマーシャルの時からの付き合いで、「EMOTION＝伝説の午後・いつか見たドラキュラ」以来、多くの映画で音楽を担当してもらっていました。「野ゆき」の時に、ちょっと私が出しゃばってしまったんです。

――と言いますと？

尚志さんが付けた曲に、クレームをつけて使わなかったんです。そこから別れ別れになっちゃった。私はこの映画にはちょっと華麗すぎるんじゃないかと思ったんです。でも今聞くと、付けてもらった方が良かったかなと考えたりもします。だから「野ゆき」は監督のピアノなんです。

――なるほど。大林監督の音楽はとても合っているように感じました。

「野ゆき」はね、ボロンボロンっていう監督のピアノがいいんじゃないかと思ったんです。尚志さんの音楽はオーケストラで演奏するから、ちょっと盛り上がりすぎちゃっているかな、と。それで私が生意気にも、ちょっとごめんなさいみたいなことをしちゃった。それ以来、お付き合いがなくなっていたんですけど、２０００年に大分で開かれた全国植樹祭の演出を監督が頼まれた時に、私は仲直りをしようと思って、尚志さんに音楽をお願いしたんです。一時期すごく仲良くしていましたから。

――そういう時、大林監督は恭子さんの言うことを聞いてくださるんですね。

そうですね、監督もちょっと華やか過ぎるかなっていう風には思っていたんじゃないかしら。でも、尚志さんの曲は素晴らしかったので、どこかに使えばよかったんですけど。「野ゆき」は、モノクロ版とカラー版があったり、いろいろ試行錯誤がありましたから。

――佐藤春夫の詩にインスパイアされて作られたんですね。

佐藤春夫記念館が彼の故郷の和歌山県新宮市にあるんですが、そこの皆さんが気に入ってくださって、春夫没後50年の時に上映して、監督も呼ばれて講演をしています。

――子供たちの演技がとても生き生きしていましたね。

出演する子供たちを預かって、「お母さんたちは一切来ないでください」ってお願いしたんですよ。家庭教師をつけてね、楽しい映画作りでした。撮影が終わって、東京駅にお母さまたちが迎えに来ててね、「預けてよかった」って感謝されたのがうれしかった。

――大勢の子供を預かるのは大変ですね。

夏休みを利用して、瀬戸内海の鞆の浦というところで撮影しました。子供たちも親元を

90年代撮影時

離れて、子供なりにきちんと仕事をしてくれましたね。子供たちも、自分が芝居が好きだから、役者をやってるんですよ。みんな、いい子でしたね。あの時、お世話になった仙酔島のホテルのオーナー夫人とは今でもお付き合いがあるんですけど、最近も尾道映画祭に来てくださって、「いい映画を作っていただいて本当よかったわ」「鷲尾いさ子さんが綺麗でしたね」っておっしゃっていました。

――子役をうまく使う秘訣があるんでしょうか。

そうですねえ、子供たちから好かれるんでしょうね、子供だからっていう接し方をしないからかもしれません。うん。あんまり子供たちも、監督のことを「怖い」と思っていなかったんじゃないかしら。

――この頃、三浦友和さんが印象に残る役でよく出ていますね。「野ゆき」もそうですが、「日本殉情伝　おかしなふたり　ものくるほしきひとびとの群」では主演級でした。

監督と友和さんは「ふりむけば愛」の時に「約束」をしていたんです。友和さんの「老け待ち」をするって。

――「老け待ち」ですか（笑）。約束されたのは山口百恵さんとのコンビで売り出している頃のことですね。

ええ。監督は、友和さんが年を取ったらもっともっと良くなるだろう、という思いがあったんですね。「野ゆき」の時の友和さん、すごくよかったでしょう？　私もあれは好きなの。

——「おかしなふたり」は往年のスターがたくさん出演していました。

宝塚歌劇出身の宮城千賀子さんとか、あきれたぼういずの坊屋三郎さんとかね、戦前からの二枚目スターだった水島道太郎さんも出てくださいましたね。あの作品が大林映画の中で一番好きだ、という人も結構多いんです。タイトルの通り、ほんとうにおかしな映画でした（笑）。私、宮城さんがすごいなって思ったことが一つあって、宮城さんが人力車にお乗りになって山道を下りてくる撮影があったんですが、私、最初から危ないなと思っていたんですよ。カーブを曲がるところで、宮城さんを乗せた人力車が崖から落っこちたんです。

——えええ！　それは大変です。

もちろん撮影は中止になりました。あの時はもう、この映画ももうおしまいかしら、と覚悟しました。でも、宮城さん、何でもなかったんですよ。本当にすごい人だと思いました。この映画はね、たしか別の企画がポシャってこの映画も駄目になりかけたんだけど、ひょいと作ることになったはずなんですよ。

——ずっとフリーで映画を作ってこられたにもかかわらず、何年も作れなかったという時期がほとんどないですよね。

確かにそうですね。なんでしょうね。コマーシャル時代からそうでしたけど、私、別に営業したこと一度もないですし、自発的に作りたいものがあって、そのためにお金を集めることはあっても、基本的には全部頼まれて作っていましたからね。だから、一つひとつ、気に入られなければ次の作品はないぞ、という気持ちでした。それはもうフリーの人間だったら皆さんそうだと思いますけどね。

——そんな中で毎回、他人も自分もやってこなかったような実験をしています。

そうですね、本当にやりたいことやって。

——恭子さんは「野ゆき山ゆき海べゆき」が好きだとおっしゃっているのを読んだことがあります。

自身の映画制作会社PSCにて編集中の監督

「野ゆき」は確かに好きですね。あとは何だろう。あ、「異人たちとの夏」(88年)も好きですね。あれは松竹の映画なので、私は関わっていないんですけどね。いや、松竹大船撮影所まで毎日送り迎えはやっていましたね。車の運転係(笑)。

――大林映画の冒頭に付いていた「A MOVIE」がこれ以降はしばらくなくなりましたね。

松竹の映画だから監督が遠慮したんじゃないかしらね。監督がね。「異人たちとの夏」の後は何?

――「北京的西瓜」(89年)です。

「北京的西瓜」は付いてませんか。この映画はね、北京にも撮影に行くはずでした。そしたら天安門事件が起きた(1989年6月4日)。それで、監督は19896 4を足した37、37秒の空白の時間を入れて表現したんです。だからこれ、テレビではオンエアできないと思うんですよ。放送事故だって思われるから、と私は言っていました。

終わらないんじゃなくて、
終わりたくないんじゃないかって。そう感じたんですよね。

――「なごり雪」から戦争3部作、
「海辺の映画館―キネマの玉手箱」、そして旅だち

――大林さんは約半世紀の映画監督としてのキャリアの中で、非常にコンスタントに作品を撮ってこられました。自らのスランプもなければ、製作費が集まらないということもなかったんですか？

スランプは、うーん、ないですねえ。本当に恵まれてるなと思いますけど。監督とは約束があって、私たちは最初からフリーでしたから、「1作品1作品が大切よね」みたいな話はしょっちゅうしてました。だからどの作品も次の作品に繋がっていく、みたいな意識は、もうずうんと若い時からあります。恵まれているなっていうふうにいつも思ってたのは、大林の作品を見て、次の作品に製作費を出してくださるっていう方がずっと続いたことですね。最初はコマーシャルをやって、80年代は角川春樹さんやメジャーの映画会社が撮らせてくれた。90年代以降は、それまでの大林作品のファンであった実業家の方々がお金を出してくれることが続きました。本当に恵まれてると思います。そのためには、やっぱり1作品1作品をきちんと作ること。私にとって、それが多分プロデュースだったし、製作者へのお返しだった。2000年代になって、「なごり雪」からですね、KADOKAWA（旧大映）さんが配給してくださいました。「なごり雪」は2001年9月11日がクランクインだったんです。今でも思い出すのは、その前々日に相米慎二さんが亡くなっているんです。だから「なごり雪」の撮影は相米さんの黙祷で始まりました。

――その夜、大変な事件が起こります。

ホテルに帰ってテレビをつけたんです。はじめは「何の映画を放送しているのかしら」と思いました。完全に映画だと思っていました。現実のことだと知って、本当に驚きました。

――「なごり雪」は大分県と臼杵市が撮影協力に入っています。

2000年のミレニアムの年、大分県で「全国植樹祭」っていうイベントがあって、その演出・プロデュースを監督が頼まれていたんです。それで3年ほど大分県に通っていました。月に1回くらいのペースでしょうか。その時、監督が「植樹祭の会場作りのために木を切り倒すのはおかしい」と言い始めて、何もない雑木林とかをなるべく残しながら会場作りをしたんです。それでね。天皇が大変喜ばれて、帰りの時間なのに市民の方たちと天皇がお話をされて、帰りが遅れたんですよね。それくらい大好評でした。

――監督のおっしゃるのはもっともですが、行政がそれをよく聞き入れましたよね。

監督の言うことを全部認められたあの時の平松守彦知事がかなりの人だったんですよ。全国的にも有名な知事でしたね。そして、県庁の担当の方たちもね。その植樹祭の前夜、すごい大嵐だったんです。私、眠れなかったんですよ、朝の4時ぐらいまで。そしたら、5時ぐらいからかな、雨がやんですっごく大快晴になっちゃったの、あれはちょっと神がかりな、大林さんてすごいみたいになっちゃいました。関係者はみんな朝まで眠れなかったと思います。だけど、監督は「大丈夫、晴れるから」って言っていました。そうしたらほんとに晴れたのね。それがきっかけで、「なごり雪」を大分で撮ることになったのかしら（笑）。

――なるほど。大分県の人たちの感謝の気持ちですね！

大分県警の方にもお世話になりました。すごく撮影に協力してくれました。監督が一方通行の道路で自動車を逆走させようとしたん

2000年　全国植樹祭のため大分にて

です。そうしたら県警の人がそばにいてくれて、「大丈夫、恭子さん、僕たち、あっち向いてるから、その間にやっちゃってください」って（笑）。植樹祭の時のおかげなんです。あと、地元の新聞記者の人たちにも感謝されましたよ。

――へええ。なぜですか？

私ね、ちょうど天皇が植樹されるすぐそばに座ってたんです。そして美智子さまがいらした。私の左側がマスコミの席だったんだけど、ちょうど記者席から見ると、侍女の方がかぶってしまって、美智子さまが見えなくなっていたんです。記者さんが私に「あの侍女の方に、少し後ろに下がってもらえるよう言ってもらえませんか」って私に頼んできたの（笑）。

――うわあ、それは確かに記者としては困ります（笑）。

それでね、私もね、まだ若かったから、若くもないか（笑）、そばにいた宮内庁の方に言ったんです。そしたら、ちゃんと言いに行ってくれたんですよ。びっくりでした。記者団にすっごく感謝されました。

――そりゃあ、当然です。記者たちもさすがに言いにくいですからね（笑）。

面白い体験でしたね。そんなんで、次の「なごり雪」に繋がったわけです。大分ではその後、「22才の別れ　Lycoris　葉見ず花見ず物語」（07年）も撮りましたから、2

本でお世話になりました。

――「転校生　さよなら　あなた」（07年）は珍しくリメイク作品です。どういう顛末で作られたんですか。

あれはね、角川映画だったんですけど、鍋島壽夫さんっていうプロデューサーが、尾道で「転校生」をリメイクしませんか、と言ってきたんですよ。角川が蓮佛美沙子主演で撮りたいということで。私は、尾道で撮ることに反対しました。自作のリメイクをそのままやってもつまらないでしょう？　リメイクするなら、違う場所がいい、と。尾道が海の里だから、今度は山の里でやった方が面白いわ、って。

――なるほど、それで長野が舞台になったんですか。大林監督はどう思っていらしたのでしょうか。

海の里の尾道と山の里の長野っていうことだったから、監督もリメイクをやったんです。私、割と好きなんですよ、山の里の「転校生」。監督はやっぱり、同じものをやるはずがないですから、そこは全然心配していませんでした。ちょうどその時、千茱萸さん情報で寺尾紗穂さんのすごくいい歌があってね。寺尾さんのご友人が亡くなった時に作った歌らしくて、なんかその歌にちょっと惹かれて、歌そのものを美沙子ちゃんに弾かせて歌ってもらいました。そうそう、山の里の「転校生」で斉藤一夫を演じた森田直幸くんは、その後、尾道を舞台にしたNHKの朝ドラに出演しています。

——「てっぱん」ですね。

そうそう。その作り手の方が大林のファンで、広島で製作発表をした時に、「大林の作品が大好きで」みたいなことをおっしゃったと聞きました。

——大林監督のファンは多いですからね。ところで、ちょうど70歳になられた2008年にインタビューをしたんですが、「これからは僕は新人監督です」とおっしゃったんです。「その日のまえに」(08年)の時でした。

うちの成城の事務所の前に重松清さんがいらしたんです。私がね、「その日のまえに」というタイトルにすごく惹かれたんです。それで重松さんに直接交渉しました。うちの事務所にも来てくださっています。

——その時は「ああ、そうですか」と聞いていたんですが、その後の作品を見ると、70歳の新人監督宣言の意味が本当によく分かりました。商業映画のテイストに、もう一度、若い頃の個人映画のテイストが加わり、誰も見たことの

2003年　第22回藤本賞授賞式にて

ない作風になりましたよね。

そうですね、その次が「この空の花―長岡花火物語」ですか。

――はい、そうです。

あそこから変わりましたね。監督にとっては、２０１１年3月11日の東日本大震災が転機になっています。「この空の花」の脚本を書くために、新潟県の蓬平温泉に行きました。泊まったホテルの部屋の入り口に「〜様」「〜様」って出ていたので、満室かと思ったら、なんだか静かなんです。ホテルの人に聞くと、誰も泊まっていなかった。私たちの部屋以外は震災でみんなキャンセルになっていたんです。キャンセルした方の名前が掛かっているだけなんですよ、って言われて。3・11はかなりショッ

「この空の花―長岡花火物語」撮影時（竹内公一さん提供）

クを受けていました。その頃、心臓にペースメーカーを入れたりして、少し死生観も変わっていたと思います。長岡で原作・脚本の長谷川孝治さんたちと一緒にシナリオハンティングをしていたんですが、三輪トラックが走ってきて、おじさんが「取れた、取れた」って、棒みたいなのを持って振り回していました。「何が取れたのか、大根か何かかしら」と思ったら不発の焼夷弾でした。あれは、監督も私もショックを受けました。戦災資料館に行き、長岡市でも激しい空襲があったことを知りました。空襲で亡くなった人々の写真が全部貼ってありました。そういうことがあって、監督も広島県出身なので、原爆を背負っているみたいなところがあって。戦争のことをきちんと伝えなきゃっていうことが前面に出てきたのが3・11からだったと思います。

――「この空の花」からは「戦争反対」が強いメッセージとして表れるようになりました。

亡くなられた高畑勲監督も同世代なんですが、高畑さんと会うと「僕たち迂闊だったよね」っていうのが、大林との最後の、最後の合言葉だったんです。私たちはちょっと伝えなさすぎた。「戦争を知る最後の世代なのに、ちゃんと言ってこなかったね」っていうのがね。高畑さんは「火垂るの墓」（88年）などを作ってますけど。そういう会話もあって、2011年から後の「野のなななのか」「花筐／HANAGATAMI」（17年）と合わせて「戦争3部作」と言われてますけども、そう変化していきましたね、若い世代に伝え、残さなくちゃいけない、みんなも考えてほしい。でないと、伝わっていかないんじゃないかっていうふうになりました。

——いやもう、そこからの作品が誰も見たことないような映画、もうこれは映画じゃないかもしれないというようなこう、どこからこんなアイデアが湧くんだろうっていうような作品ですよね。

そうですね、長岡、芦別、唐津。そして尾道ですね。

——最後の映画になった「海辺の映画館―キネマの玉手箱」については、山田洋次監督が「大林さんの最高傑作」だと初号試写の時におっしゃいました。ご病気も大変だった時に、こんなに情報量の詰まったオリジナリティーの強い話をどうやって作ったんだろうと感じ

「花筐／HANAGATAMI」撮影時（竹内公一さん提供）

ました。

最初はね、桜隊をやりたかったんです。

——広島で被爆した移動劇団ですね。広島出身の新藤兼人監督も映画化しています。

内藤忠司くんっていうね、10年間、大林組のチーフ助監督をやってくれた彼と、それから小中和哉くんっていう映画監督と、2人に脚本をまず書いてもらったんです。最初から変わってないのは、桜隊の話です。そこからどんどん変わっていきました。あと内藤くんが書いたのは何だろう。女郎屋のシーンかな、あそこは内藤くんのアイデアでした。

——大林監督は脚本家が書いた脚本を大きく変えるんですよね。

ええ。ほとんどいつもそうなんです。「それなら、最初からあなたが書いたら？」っていうんですけど、何か元になるものがあって、それを広げていくっていう作業の方が向いてるみたいです。だから内藤くんと小中くんに自分が入れてほしいことはきちんと言って、あとは自由に書いてみて、みたいな感じなんですよね。脚本家に書いてもらったのに1行も使わなかったっていうのが「青春デンデケデケデケ」と「理由」(04年)ですね。「デンデケ」はだから撮影中、みんなに原作本を持ち歩いてもらいましたね。「理由」は宮部みゆきさんの原作が大長編なんですよ、450ページもあって、登場人物が100人以上いるんですね。それで、私が百何人の登場人物を一人ひとり、全部分析して大学ノートに書き出しました。監督はそれを使いました。

――ああ、なるほどねえ。

宮部さんは映画を見て、喜んでくださいました。

――ダイジェストにしなかったことが画期的で良かったですね。極めて大勢の人物が事件に関わっていることがこの小説のテーマですからね。ダイジェストにしたらつまらないと思いました。「海辺の映画館」も登場人物が半端ない数です。

そうですね、あれ登場人物全員のね、キャスティングを監督が全部自分でやっているんです。最後にみんなに会いたかったんでしょうね。忙しい人たちが監督のために集まってくれました。

――「海辺の映画館」は約20年ぶりの尾道でのロケ撮影になりました。

前作「花筐／HANAGATAMI」のクランクインの前日に肺がんが見つかって、「花筐」終わったあたりからは、かなり体力も落ちていましたので本当に大変でした。だから「海辺の映画館」は、本当は全部、東宝撮影所でのセット撮影にしようと思っていました。私自身も弱っていたので、もらおうかなと思っていたんです。ロケーションは演出部の若い人たちにお願いして撮ってきてもらおうかなと思っていたんです。だけど、なんかもう尾道に行くこともできなくなりそうだなっていう気配を感じて、これが最後かもしれないと思ったんです。それで決心して尾道のロケに行きました。尾道の撮影は本当に久しぶりでしたね。

――「あの、夏の日～とんでろ　じいちゃん～」が最後ですかねえ。尾道市制100周年だかの記念映画でしたね。

なんか尾道市があまりにも「観光、観光」って言い過ぎるので、監督がちょっとね。

――尾道は大林監督の映画で、今で言う「聖地巡礼」の観光客が大勢訪れるようになりましたからね。

そうですね。監督と一緒にヨーロッパとかアメリカとかに行くでしょう? すると、日本大使館や領事館の方が呼んでくださって、お食事をいただくんですけど、どの大使さんも領事さんも「学生時代に尾道に行きました」って言うんです(笑)。皆さんね、「転校生」「時をかける少女」「さびしんぼう」の頃にちょうど大学生だったそうです。

――何を隠そう私もその一人です。

皆さん、監督にそれを言いたくて、お夕食に呼んでくださるんです(笑)。なんでこんなに呼ばれるのかなって最初は思ったんですけどね。そしたら、いつも尾道に行った話が出てくるんです。映画ってすごいな、ってその時思いましたね。

とりわけ大林映画における尾道の風景は、ものすごく旅情を誘うんですよ。やっぱり監督が生まれ育った街だからでしょうね。本当の意味でのふるさとだから。見ている人にとっても、自分のふるさとのような気がするんでしょうか。北海道芦別市との出会いもそうですものね。鈴木評詞くんって青年が大林映画を見て、尾道へ出掛けて、それがきっかけで、芦別市の職員になってから「自分の故郷の芦別で映画を撮ってほしい」って直訴しに私たちの自宅にやって来た。そこから20年にわたる芦別映画学校が始まりました。

――20年後に「野のななのか」が出来上がりました。

鈴木くんは若くしてお亡くなりになりました。私たちはフランスのアルザス地方にいたんですよ。それで朝電話がかかって来て、評詞くんが亡くなったって。本当に残念に思いました。そして、映画学校の方々や芦別市の皆さんが製作費を集めて製作することになりました。20年間、映画学校でいただいたお金をすべてお返しするよい機会と思いました。

――ああそうですか。いやうちの町もああいうふうに撮ってほしいとみんな思うと思いますよね。私も、何度も尾道に行ってるんですけど、どんどん街が変わってしまって。あの港にも何か大きいターミナルビルができたり、なんでこんなことするんだろうと。

あれはね、実際にね、住んでる方もね、お店をやってらっしゃる方たちもすごく残念がってたんですよね。だってお店を抜けると石段のね、海に続く階段があったりね。うちの俳優さんたちもオフの日なんかご飯食べに行って、裏に抜けて、石段を下りて魚釣りしたりしていました。

――そうそうそう。観光っていうんだったら、ああいう風情を残さないといけないと思うのに、なんかいろいろ建てちゃったりする。私のインタビューでも、監督は「あれじゃ街おこしじゃなく、街こわしだ」と怒っていらっしゃいました。

大林家もそうですけど、千光寺あたりは古いお家がいっぱい残ってますね。ただ、坂の多い街ですから、年齢を取ってくると、やっぱりあの石段がねえ。大林の実家も坂を上るのが大変なんです。年齢を取ってみて初めて分かるんですね。昔はね、素敵な石段だなあと思っていましたけど、大林の母なんか、もう休み休み降りてましたね。

――なるほどなるほど。

だから一時期、空き家がいっぱいできて。でも今は、それを壊さずに若い人たちが借りて上手に住んでるそうですよ。

――そう、都会の若い人が自分の工房やお店を作ってね。活気が戻ってきています。ところで、「海辺の映画館」には、大林監督がジョン・フォード監督に扮しているシーンがありましたね。

あれは「マヌケ先生」(98年)のワンシーンなんです。すごくオーバーな芝居をしているんですよ(笑)。70年代、大林はよく自作に出ていました。「HOUSE」にも出ています。その時は「恭子さんも」って言われて、汽車の別れのシーンの、汽車に乗ってる方が私で、監督がホームから見送っています。私、ミニのワンピース着て、30代でしたね、後半ですけど（笑）。私がプロデュースに入った「転校生」までは、ヒッチコックみたいに、どこかに毎回出ていましたね。

——恭子さんが「出ないで」っておっしゃったのですか。

ええ。

——なぜですか。

演技がオーバーなの（笑）。

——それは恭子さんしか言えませんね（笑）。監督ご自身がピアノを弾くシーンも印象に残ります。

あのピアノは、5歳か6歳の頃に父親が復員してきて買ってくれたものなんです。それをセットに持ち込んだんです。「懐かしいなあ」って弾いてみたら、音がもうバラバラだったんですよ。でもその狂った音が妙に悲しくて。これは調律しないで使おう、ってことになって。音を調律していたら、ああいう感動はなかったかもしれませんね。

——大林監督といえば、ピアノですもんね。

大学時代から、ほとんど授業に出ずに学校でピアノを弾いていました。本当にピアニストになったらいいんじゃない？　みたいに、みんなで言ってたぐらいです。後で分かったんですけど、習ったことはないんです。なんかね、ハートで弾くんですよね、器用ではあるんでしょうけどね。リストやショパンを、本当にきちんと弾いてましたね。ピアノの上手な友達なんかに聞くと、かなりな腕前だわ、みたいな。余談ですが、CM撮影でロサンゼルスに行った時に、まだセロニアス・モンクが元気な頃で、モンクを聞きに行って、彼が帰った後に監督がピアノを借りて弾いていると、オーナーが週給2000ドルで契約しないかっていわれたとかって言っていました。

――へえ、すごい。

帰国してから、「どうしよう、アメリカに行っちゃおうか」なんて言ってました(笑)。朝起きると、よくピアノの前に座っていましたね。

――それは何かその映画の構想を練ったりする時に弾いてるんですか。

いえ、もう習慣になっていましたね。好きなんです、ピアノが。

――「海辺の映画館」の尾道ロケはどんな撮影だったんですか。

私が東京で目の手術をして、監督たちよりも2週間ぐらい遅れて尾道に入ったんです。その時に、大きな倉庫にセットを組んで撮影していたんですけど、必ずカメラの横で俳優の芝居を直に見ていた人が、ちょっと離れたモニター画面の前に座って指示を出していたんです。あれほどモニターの前にいるのが嫌いだったのに。それがなんかすごくつらかったです。監督本人も、なんか……なんか目で語りかけてくるんです。余計につらかったですね。

——すみません、思いだささせて。モニターを見る監督じゃなかったですもんね。

現場ではいつも走り回っていましたから。フィルム撮影からデジタルになって、モニター画面がスタジオなんかにも置いてあるわけです。でも監督はスタッフもキャストも「誰も見ちゃいけない」って言っていました。「見ることができるのは恭子さんだけ」みたいな（笑）。なんで私だけ見ていいかっていうのは、やっぱり長年一緒にやってきた中でね、何かあったら教えてほしいっていう、それだけなんですけど。だから「モニターを見るのは恭子さんだけで、あとは駄目！」って言ってました。

90年代撮影時　「モニターを覗いていいのは恭子さんだけ」といつも言っていた

――いいですね、それは。今の監督、もう全然俳優の方を見ないで画面ばっかり見てる人が多いです。「それは寂しい」って、俳優の人たちはよく言いますね。

「海辺」の時は、モニターの前から動けず、お芝居している俳優たちの方に向かって、「こうして、ああして」って言うんですけれども、やっぱり声がもうね、大きな声が出なかったので、なかなか通じないんですよ。だから、撮影現場で怒鳴ったことのない人が初めて、「駄目じゃないか！」とかね。「聞こえないのか！」みたいなことを言っていました。

――ご自身でも歯がゆいところがあったでしょうね。

そうですね。自分自身にイラ立っていたんだと思います。でも、撮影が終わったら「ごめんね」って、怒った相手に必ず謝っていましたね。「花筐」の時は、いつもの大林組の俳優さんとスタッフばかりだったから、気心が知れていて、監督の思いもよく分かってくれていました。ところが「海辺の映画館」の時はスタッフがみんな違っていたんです。演出部が全部違うっていうのは、ちょっと可哀想でした。本当は前年の秋に撮る予定で、いつものスタッフを集めていたんですけど、半年延びちゃったんです。そうしたら、みんなも生活があるから、別の作品の現場に入っていたんですよ。だから集められなくって、結局、新しいスタッフになっちゃったんです。

――それは監督もスタッフも大変ですねえ。

いつものスタッフなら、監督が一つ言えば三つぐらい分かってもらえたところを、一つひとつ丁寧に説明しなくちゃいけなかった。そもそも体が大変なのに、ちょっとつらそうでしたね。

——撮影は監督の体調の関係で延びたんですか。

いいえ、そうじゃなくて、やっぱり脚本がなかなか決まらなかったんですね。最初はなんだっけな。「戦争と桜隊」とか「原爆と桜隊」とか、桜隊が中心にあったんですね。戦争はテーマだったんですけど、題名も二転三転したりとか。コンセプトが変化するたびに、どんどんスケールが大きくなっちゃった。やっぱり映画ですからね、予算が膨らむとね、大変ですから。それで延びたんです。

——ああそうですか。「海辺の映画館」が出来上がった時、監督にお話をうかがったんですが、『花筐』が終わった時は、次はちょっと軽い娯楽映画を作ろうと思ってたんだけど、いつのまにかこんなになっちゃっていたんだよ」と語っておられました（笑）。

監督の場合はね、軽くは行かないでしょ（笑）。いつもね、なんだかちらっと「次は軽い映画を」というようなことを言うんですけどね。実際にそうなったことはないですから（笑）。

——恭子さん、すごい覚悟です（笑）。

そうそう。覚悟しますね、いつも。特に「海辺の映画館」の時は大変な病ではあったんですけれども、作りたいことへの執念はものすごかったですね。全く妥協しないというか。音楽や効果音やアフレコを付ける最後の「仕上げ」の作業って、普通5日間くらいで終わるんですけど、それにね、3週間かかったんです。スタジオに入るとね、監督は台本をまず広げて何か書き出すんですよ。セリフをね、あの3人の若者のセリフを全部書き直しているんですよ。だから、あの子たち、アフレコに「恭子さん、僕、10日間通いました」とか、最後までお付き合いしてくれたんです。みんな、終わらないんじゃないかって心配していました(笑)。でも、私はね、そうかなあ、終わら

2016年　生涯功労賞を受賞したウディネ映画祭で娘の千茱萸と

せたくないのではと思ったんです。監督の仕事を見ているとね、途中からね、なんか終わらないいんじゃなくて、終わりたくないいんじゃないかって。そう感じたんですよね。

――なるほど。

映画を作っている時は、監督、すごくエネルギーが出るんです。だから、私、「海辺の映画館」の次も、作品の企画を用意しとけばよかったのかもしれないと思ったんです。監督、次の作品があったらどうなっていただろうなって。それが今、少し心残りになっているんです。

――映画監督ってすごいですね。

福永武彦さんの「草の花」とかね。昔から監督がやりたがっていたんだけど、なかなかできない原作があったんです。好きだからできない、ってこともあったんですけどね。私、福永さんの奥さまに会って、映画化権もちゃんともらってあったんです。福永さん原作の「廃市」の時にうかがったの。「草の花」も、監督にぜひ撮らせたいっていうのはその時お話ししてありました。あとは、檀一雄さんの「リツ子　その愛・その死」も、監督がやりたかった作品でした。檀さんでは、「花筐」と「リツ子」を、監督は昔からずっとやりたがっていましたね。

――生前の大林監督が「がんなんかで死ねない」とおっしゃって「あと30本は作りますよ」と

力強く宣言していたので、僕たちも「大林さんなら、もしかしたら本当にそうなるんじゃないか」って何となく思っていました。そう思わせてくれるパワーがみなぎっていました。

そうですね、でもね。「海辺の映画館」が終わったのが9月ぐらいだったんですけど、その後にかなり、がんの数値が上がって、強い抗がん剤の点滴が始まったんですね。その副作用でかなり弱ってきちゃって。むしろ抗がん剤をやらない方がよかったかなとか、いろいろ考えてしまいます。先生には怒られそうですけど。もしかしたら抗がん剤治療をしないで、映画の現場にいさせてあげていた方が良かったのかな、とか……。

──迷いますよね。

抗がん剤治療で、介護の状況に入っちゃったので、ちょっと次の作品っていう発想が私の頭の中からも消えちゃっていました。でも夜中にね、眠っているはずの監督がいろんなことを言うんですよ。「生きてるからね。僕、まだ生きてるから出来るんだよ」とか「よーい、スタート！　カット！」ってね、始まっちゃうんです。

──監督の意識の中では演出をされているんですね。

夜中に自分が後を託す監督として、岩井俊二さん、塚本晋也さん、犬童一心さん、手塚眞さんの名前を挙げたことがあるんです。監督は最後まであちこちで講演をしていたんですが、2019年の9月14日の中原中也記念館が最後になったんです。その時の講演録を、中也の会報に載せたいと、私のところにゲラが送られてきたんです。そしたら、本当にね、真夜中に喋っていたことがあっちこっちに出てくるんですよ。あの4人の名前も本当にあったんです。

――へぇえ。それはすごい。寝言ではなく、講演の準備だったんですね。

僕の続きを次世代の岩井くんだとか、「野火」（15年）をすごく買ってたので、塚本くんの名前とか、犬童くんや手塚くんって出てくるんです。彼らの作品は、もう映画館には行けなかったので、2人で自宅でよく見ていたんです。そしたら4人の名前が講演録に出てて。本当にびっくりしました。私、当時は監督がお手洗いに行ったり水を飲んだりするために、夜中に何度も起きなきゃいけなかったんだけど、監督の声でまた目が覚めるんです。何かしらと思ったら、毎日毎晩そういう話をしてたんです。そして、なんか講演みたいな話が終わると、「皆さんありがとう。ありがとうございました」って必ず言うんです。ちょっと泣けちゃいました。時々ね、「ありがとう」って言ったあとに、「3、2、1」とか（笑）。吹き出したこともあるんですけど、「なに？　撮影してるの？」って。

――ははは（笑）。

いろんなことを言っていましたね。だから、結構メモをしましたよ、忘れないようにと思って。

――ずっと映画のこと、考えていらしたんですね。

そうですね、若い頃から、もうずっとですけど、監督と世間話って、したことないですよ。映画の話だけですね。大学生の時に出会ってからずっと映画のことばかりでした。

――2020年4月10日がご命日でした。

その日の朝なんですけど、監督が突然、私に「もう外にご飯を食べに行くこと、できないね」って言ったんですよ。本当にね、寂しかったです。自宅のちょうど前に、八重桜が2本あるんですけど、ちょうどその日に満開になったんです。あの年はね、ちょっと開花が遅かったのかな。監督が寝ている枕元からもその桜がよく見えるんです。「綺麗だね」って。「今年も綺麗に咲いたね」って言いました。そしてその夜に旅立っていきました。監督はよく、「寝るのが勿体ない」って言っていました。「寝るのは死んでからでいい」って。だから今、天国でよく眠っているんじゃないかしら。

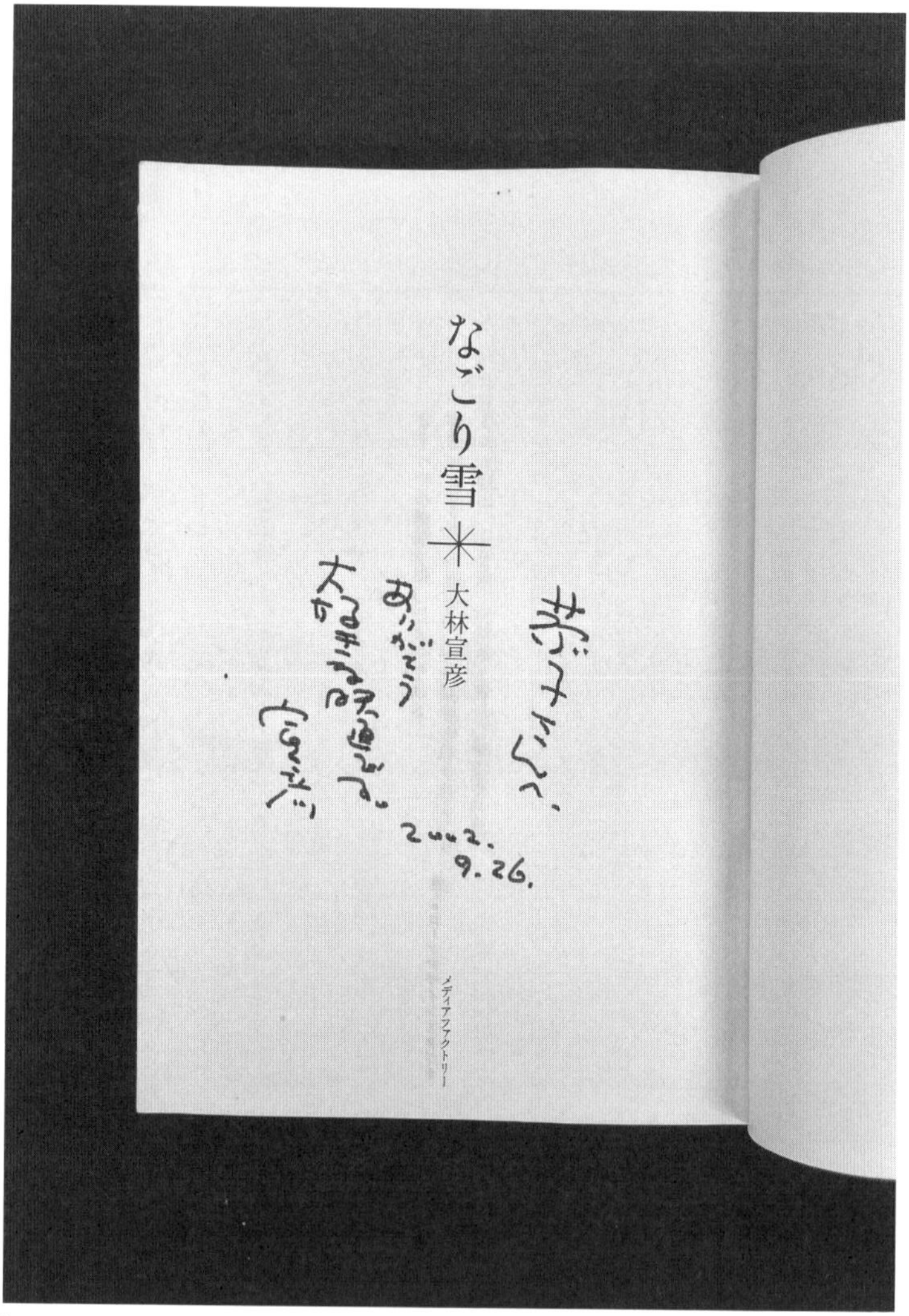

「なごり雪」の文庫に監督の言葉

入江若葉＋大林恭子　対談

「恭子さんは恭子さんで監督を尊敬してらして、信頼関係がね、すごいです」

80年代ハワイにて　左から入江若葉さん（写真提供も）、大林夫妻

入江若葉　いりえ・わかば　女優

1943年生まれ。母は戦前のスター女優、入江たか子。61年に東映京都撮影所に入り、内田吐夢監督の「宮本武蔵」のヒロインお通役でデビュー。中村錦之助が武蔵を演じ、全5作の人気シリーズとなった。60年代前半は東映時代劇のお姫様女優として活躍。田坂具隆監督の「冷飯とおさんとちゃん」（65年）では、錦之助演じる若い侍に惚れられる娘を演じている。結婚を機に女優を休業するが、80年にテレビドラマで復帰。映画は82年、大林監督の「転校生」が復帰第1作となる。以後、20年の「海辺の映画館―キネマの玉手箱」まで大林組の常連となった。ほかに黒木和雄監督の「TOMORROW　明日」（88年）「美しい夏キリシマ」（03年）や北野武監督の「監督・ばんざい！」（07年）などに出演。テレビドラマや舞台も多数。

＊

入江　大林監督のお宅にお邪魔するの、今日で3回目なんです。
大林　そうでしたっけ？
入江　一番最初は、新築のパーティーの時で、たくさんのお客様で山口百恵さんもいらっしゃいました。
大林　あ、そうね。みんなでパーティーした時ね。百恵ちゃんとか友和さんとか……。
入江　監督が亡くなられた時が2回目で、今日がまだ3回目だったんです。今日ここに来る道すがら考えていたんですけど、監督の映画にはたくさん出させていただいてるので、監督のことをなんでも知ってるみたいに尋ねられる方がいらっしゃるけれど、全然知らない、ということが多いんですよね。
大林　普段は、プライベートでお付き合いするような時間がなかなか取れませんでしたね。
入江　監督が亡くなられた時には、恭子さんに飛びついて駄々っ子みたいに泣いてしまってどこも目に入りませんでした。今日うかがうと、外観は若い頃に憧れたようなアメリカン風で、中に入るとイギリス風アンティークというかこの大きなどっしりとしたテーブル、すごいですね。居心地がよくて景色もよくて素敵ですね。

大林　桜が咲くととても綺麗なんですよ。ちょうどその日に満開になったの。監督の寝室の枕元からちょうどよく見えるんですよ。「今年も綺麗に咲いたね」っていうのが最期の言葉になっちゃいました。

入江　素晴らしいですね。監督はきっと桜に向かって「よく咲いてくれたね」っておっしゃったんですね。

大林　そうそう、ちょうど4月10日がね、満開の日でした。そうか、若葉ちゃん、今日が3回目なのね？

入江　私の自宅は下町で……。そういえば、峰岸徹さんがこの近くにお住まいでしたね。

大林　とんちゃんはそう、ほんと、すぐそこに住んでました。散歩の途中によく寄ってくれたの。いつも寝起きみたいなだらしない格好をしてたわね。「そんな格好じゃあ、みっともないよ」って言うんだけど直らない（笑）。そのとんちゃんもね、早く亡くなっちゃった。

入江　あの時も恭子さんがね、電話で教えてくださったからうかがえたんですよね。峰岸さんはね、同い年だったせいもあって、本当に仲良くしてくださいました。

大林　2人とも昭和18年（1943年）でしたね。とんちゃんは65歳で亡くなっちゃった。

入江　私、峰岸さんのこと、「おじさん」って呼んでいました。向こうが先に私のことを

「おばさん」って呼んだから（笑）。

大林　そうそう。「麗猫伝説」の時にね。

入江　私がひとり、縁側でお弁当を食べてたら、「おばさん、ずいぶん寂しそうだけど、どうしたの？」って声を掛けてきたんです。「え？　おばさん？　なんですか？　おじさん」って（笑）。それから監督も、皆さんも「おじさん」「おばさん」っておっしゃっていましたよ。

大林　楽しかったわね。

入江　ええ。思い出すと、いろんなことがいっぱいありました。このおうちの新築パーティーの時は、すごく大勢集まっていましたね。

大林　あの頃はね、みんな元気でしたね。百恵ちゃんと友和さんとか、妹尾河童さんとか、たくさん来てくださったわね。

入江　私はまだ大林組の新入生で、「すごい、すごい」と思って。ちょっとまだ、借りてきた猫ぐらいな感じで、圧倒されていました。

大林　えええ？　そんなことないわよ（笑）。

入江　いえいえ、周りを見回して、すごい方ばかりで、ただただびっくりしていました。

大林　なんか入れ代わり立ち代わり皆さんやって来てね、家が狭いから、たいへん！

入江　あれから何年でしょうか。
大林　30年くらいかな。
入江　いえ、もっと前ですよ。
大林　あ、そうね、40年近いわね。ちょうど「天国にいちばん近い島」のロケハンに行っている時に引っ越しだったんだ。私も監督もニューカレドニアに行っていて、何もできなくて、千茱萸さんとか、みんなで引っ越しを手伝ってもらいました。実はまだ開けてない段ボールがあるのよ。もう怖くて開けられない（笑）。3箱ぐらい押し入れに入ってる。背が届かないし、もういいや、みたいなね。
入江　地下にもお部屋がありますか？
大林　ええ、よく覚えてるじゃない？
入江　あのほら、サンモトの、自動式の外国製で。
大林　ああ、麻雀卓ね、サン・モトヤマの全自動式のね（笑）。よく覚えてるわね。もう今はないでしょ？　サンモト。
入江　サンモト、なくなっちゃいました。
大林　ないわよね。上がチェスの板になっていて、それを取ると、麻雀卓になるの。
入江　すごくおしゃれだなあと思っていました。

大林　いや、そんなんじゃないわよ。ずっとここに置いてたんだけど、地下に持ってっちゃった。

入江　恭子さんのセンスに、お料理もお洋服も調度品もいつも憧れていました。こうしてお邪魔していると、何だか大林監督がまだいらっしゃるような気がしますね。

大林　監督が？　そうね。なんかね、ものすごく不規則の極みの生活をね、40年ぐらい続けていたから、ひょっこり帰ってくるようなね、そんな気分はありますね。

入江　学校の時からなんでしょう、監督とお付き合いになられて。

大林　そう、大学の時だから。

入江　すごいですよね、70年もずっと。

大林　70年はオーバーだけど(笑)、60年以上一緒だったのね。

＊

入江　私、映画界に入ってちょうど60年で、女優を辞めたんです。

大林　若葉ちゃんは10代の時に「宮本武蔵」のお通でデビューしたのね。昭和18年生まれって、芸能界になぜかすごく多いのよね。

入江　星由里子さんがそうですね、浜美枝さん、加賀まりこさん、樹木希林さん……。

いっぱいいらっしゃいますね。男性もね。峰岸さんもそうだし、関口宏さん、尾藤イサオさんもそう。

大林　そうなの、なんかね18年多いんです。

若葉ちゃんは「転校生」が最初だったわね。監督は昔の映画をいっぱい見ているからね、若葉ちゃんのお母さまの入江たか子さんが大好きでね。それで、たか子さんに「時をかける少女」に出てもらったんですよね。若葉ちゃんには原田知世ちゃんのお母さんになってもらって。「さびしんぼう」も出てもらいましたね。

入江　はい。本当に何でこんなにたくさん出演させていただけたのか……。みんなにはこんなことを言われるんです。しょっちゅう、大林監督のお宅にお邪魔してね、目につくところにいたんじゃないかって（笑）。お忘れなく！　なんて言ったりして。

大林　そんなこと言われてるの？（笑）。ひどいわねえ、そんなんじゃないわよね。とんでもない、私たち夫婦がね、たか子さんのファンだったから。若葉さんにも出ていただきたかった。

入江　私が東映を辞めてテレビの仕事が多くなった頃に、お母さんに出てもらえないかなって、よく言われていたんです。母はいつも、「もう時代が違うから無理無理」って、一切聞きませんでした。黒澤明監督の「椿三十郎」（62年）の時も、市川崑監督の「病院坂の首縊《くく》りの家」（79年）も直々に母にお話しにいらしてくださったので、私は「勿体ないからお受けして！」と無理やり押し出したような感じでした。

大林　「転校生」の若葉ちゃんは本当に良かったわよ。

入江　ところが、大林監督から母に出演のお話をいただいた時に、母が「私でいいのかしら」って言ったんです。私、もうびっくりしました。最近、テレビで放映されていた「時かけ」を私の娘と息子と見ていて、母が上原謙さんと出させていただいたシーン見ながら、「おばあちゃまね」「いい感じだね」って言い合っていました。だから、本当に感謝しているんです。

大林　こちらこそ本当に感謝しています。

入江　私たちにとっては、母のことを残していただけて、とてもありがたいです。

大林　喜んでいただいてよかったわ。

＊

入江　監督が、何かの本に母のことを書いてくださったんです。皺とかね、そういうのを、うちの母が気にしないのがとてもいいんだ、年輪を感じるのがいい、ってね。

大林　人間は、みんなそうよ。

入江　母は「人は心です。外見ではありません」といつも言っていましたけれど、私は内心「美人美人と言われてきたからそんなこと言えるのでは」と思うこともありましたが、晩年脳梗塞で半身が不自由になった時も卑屈になることなくにこにこと人に接している様子に、母は心からそう思っているのだと思えました。

大林　いや、もう本当。たか子さんのように年を取りたい、取れたらいいな、と思ってたわね。

入江　監督のおかげで、ずいぶん母がね、若い頃の昔話だけじゃないところでね、年を重ねてからの母をちゃんと評価してくださって、その感じがうれしいなっていうか、ありがたいなって思いました。

大林　たか子さんには何本、出ていただいたかしら。「時をかける少女」が最初で、「廃市」と「麗猫伝説」かな。私ね、たか子さんといえば、「麗猫伝説」の撮影の思い出があるんですよ。あの古いお屋敷を借りたでしょ。ちょうど三原と尾道の間に建ってるね、ものすごいお屋敷。

入江　みんなが怖がっているようなお屋敷だったんですよね。

大林　そうそう、おばけが出るって言われてました。そこを全部綺麗にしてね、お座敷の窓を開けると、瀬戸内海がぱあっと見えたんですよ。季節は夏でね、暑くてねえ。そのお座敷に椅子をぽんと置いて、たか子さんに座っていただいてたんですよ。私、「暑いでしょう？　汗をおかきになりませんか？」って尋ねたら、たか子さんが「大丈夫よ」っておっしゃった。見ると、確かに全然汗をかいてないんですよ。「昔はね、撮影所の暑いスタジオの中でね、ずっと待っていたんです」と。その時に絶対に汗をかいちゃいけなかった。だから、訓練をして、背中に汗をかくようになったんですって。そのお話がね、忘れられないの。「背中に汗をかいてるのよ、恭子さん」と言われて、ずっときちんと座って海を眺めていらっしゃるんですよ。たぶん1〜2時間待ってくださっていたかなあ。

入江　母は「不器用だ」ってみんなに言われていたそうですよ、私もそう思ってたんだけど、仕事に対する姿勢はすごく厳しい人だったんですね。

大林　そうそう、もう本当にきちんとしていらしたわよ。絶対に着崩れしないように、お椅子に微動だにせず座って海を眺めていた。そのお姿を思い出したら、なんか涙が出てきちゃう。

入江　いま思うと、母は私の仕事のことを一言も尋ねたことがなかったんです。「次は何をやるの？」とも「台本を見せてちょうだい」とも、言われたことがありません。もちろん撮影現場に来たこともありませんでした。でも、台本をポンと置きっぱなしにしておくと、「あなた、それは何なの？」って、とても厳しくたしなめられました。

大林　そうかそうか、大切な台本をポンとほったらかしてはいけませんよ、っていうね。

入江　ただ、私のデビュー作は時代劇でしたので、出演が決まってからクランクインまでの半年間少しでも着物に慣れるようにと着物も誂えてくれました。内心はすごく心配だったのだろうなと思います。

大林　そう、スタジオの中できちんと座って待ってるっていう教育もね、しっかり受けていたんでしょうね。最近はもうね、俳優さんたちは出番が終わると、控室に戻ろうとするんですよ。だから監督も最後の方は「ここにいなさい！」って叫んでましたね。

入江　母は、自分がすごく恵まれたスターの頃の話もしなかったし、逆に苦労をした時の話もしなかったですね。私が芸能界に入ってから、周りの方から聞くところによると、「あなたのお母さんはすごく寒い時も火に当たれていなかったのよ」って。メインの俳優は石油缶の火に当たれるけど、そんなところに近寄れない俳優たちはつららが生えてたってね。そんなこと、私には言わなかったけど、母にもそんな時代があったんです。

大林　そうね、そういうのが当たり前だったみたいね。

入江　昔の方がずっと厳しかったと思います。母が脳梗塞のリハビリで長期入院していた時、見舞いに行った私に母と同年輩の患者さんから、「あなたも我慢強いの？」と突然言われてびっくりしたことがありました。若い頃を知っていらしたその方が、「スターだったのに我慢強くてわがままも言わなくて偉いですね」と言ってくださったのに、「女優は我儘では務まりません」と言ったらしいんです。

大林　かなり厳しかったみたいね。そういう中でたか子さんは育ってますからね。

入江　そんなことしてたって、「我慢強いんですね」ぐらいにしか思われない。でも、母のそういうところを、監督や恭子さんが見てくださっているから、大事に思ってくださるから、母も感謝していたと思います。

大林　たか子さんは溝口健二さんとかね、厳しい現場を体験してきていらっしゃいますからね。

入江　小林桂樹さんも乙羽信子さんも、大林組でご一緒したベテランの俳優さんは皆さん、本当にそういうところがご自分に厳しいなと思いました。

＊

大林　乙羽さんで思い出しちゃった、笑っちゃいけない（笑）。「天国にいちばん近い島」のロケでニューカレドニアに行った時の、若葉ちゃんが小林稔侍さんを現地の人と間違えちゃって（笑）。

入江　もうどうかお忘れください。一生の不覚でした（笑）。

大林　乙羽さんまでグルになって騙したのよね。

入江　宿泊していたホテルのオーナーに、私ひとりで食事をご馳走になっていた時に、ですよ。そしたら、泉谷さんと稔侍さんが「若葉、ご馳走になってるのか。いいなあ」とか言って現れてね。稔侍さんはアロハを着て、ただニコニコしていらしたので現地のコーディネーターさんみたいだったんです。それで私、「今度東京にいらした時は寄ってくださいね」って言ったら稔侍さんはまたニコニコうなずかれて。

大林　若葉ちゃん完全に「ムッシュ・ネンジー」だと思い込んでたわね。

入江　私、出番がちょっとしかなかったから、あとはずっと観光したりお食事したりして、気がつかなかったんですね。東京に帰る時に、稔侍さんからぬいぐるみをプレゼントしていただいたんです。「もうこれで会えないかも知れない」と思って、「東京にいらした時にはぜひ寄ってください」って主人の店を書いてお渡しして。「とてもいい方だなあ」って。本当に恥ずかしい。

大林　若葉ちゃんは、日本に戻って、テレビに稔侍さんが出ているのを見て、びっくりしたんだったわね。

入江　そうです。たまたまテレビを見ていたら稔侍さんが出ていらして。しかも主役で。「あれ、なんで?」って。キツネにつままれたような、びっくりどころじゃなくびっくりしました。恥ずかしいというか、申し訳ないというか、もう大林組の誰にも会いたくないと本気で思いました（笑）。

大林　スタッフも全員で嘘をついていましたからね。60〜70人はいたわよね。

入江　そういうね、団結力があるんですよ、大林組は（笑）。

大林　大林組に一番出ているのは、若葉ちゃんととんちゃんかしらね。どっちが多く出てるかって競争してたわね。根岸季衣ちゃんも多かった。

入江　岸部一徳さんも大林組で知り合って、いまでもお付き合いがあります。大林組に入らなかったら絶対会えなかったような方たちとお知り合いになれました。

大林　一徳さんは「さびしんぼう」「さびしんぼう」？

入江　「さびしんぼう」もだけど、「時をかける少女」もね。

大林　若葉ちゃん、知ってる？　「さびしんぼう」の尾道ロケの時、一徳さんと一緒に東京に帰ったでしょ？　一徳さん、新幹線で寝ようと思ってたのに若葉ちゃんが東京に着くまでずっとしゃべっていて、「一睡も出来なかったよ」って（笑）。

入江　私、本当におしゃべりだから。今日も、恭子さんの話を聞くために来たんだから、絶対にしゃべっちゃ駄目だ、って言い聞かせていたんですけど（笑）。

大林　一徳さんも楽しそうに話してくれたわよ。

入江　昔は無口って言われていたのに。東映の頃は声が小さくて聞こえないって（笑）。
大林　お姫さま役だったからね。
入江　いつからこんなになっちゃったのか。

＊

大林　「転校生」ではね、結構お転婆なお母さんの役だったから、とても雰囲気が出ていて、若葉ちゃんで良かったわよね。
入江　「転校生」の時では、初めて成城のスタッフルームに伺った時のことも忘れられません。私、新橋演舞場の時代劇の舞台に出ていて、マネージャーが「監督をお待たせしちゃいけない」って言うので慌てて白塗りのお化粧を落として、顔はすっぴん、首や手足にまだ白粉が残ったままタクシーで新橋から駆けつけたんです。そうしたら監督が「すっぴんで来たのが良かった」って言ってくださいました。
大林　東宝撮影所のスタッフルームに来てくださったの？
入江　ええ。そうです。大林監督には失礼なんですけど、私が何かと不勉強だったので、タクシーの中で、マネージャーが「大林監督がどれだけすごいのか」というのを教えてくれたんです。チャールズ・ブロンソンとかソフィア・ローレンのＣＭの監督さんですからねって。私だってそのＣＭはたびたび見ていましたから、「ええ！」「ええ‼」って驚いている間に成城に到着して、スタッフルームで、監督が立って握手をして迎えてくださったんです。私はそれまで監督に握手をして迎えていただいた経験がなかったので監督の風貌にもなんだかハリウッドに来たのかしらって思うぐらいびっくりしました(笑)。とてもおしゃれな雰囲気があって、今までの監督とは全然違っていました。少し後になりますが、監督の作品にトロイ・ドナヒューさんが出られましたね。

大林　そうそう、「漂流教室」(87年)。

入江　私が若い頃憧れていたスターが握手してくださってるのも夢のようでした。そんなすごい大林監督に初めてお会いするのに、私、すっぴんで行っちゃって(笑)。

大林　監督はね、女優さんはすっぴんで来るべきだって思ってましたからね。

入江　もし時間があったら、たっぷりお化粧をしてました(笑)。

大林　よかったわね、時間がなくて(笑)。

入江　初めてでしたからね、普通は髪もちゃんとセットしたりしてうかがいますよね。

大林　すっぴんで思い出すのがね、「理由」という作品でね、南田洋子さんがもうお体がちょっと良くなかったんですけど、衣装合わせの時に、すっぴんで来られたんですよ。その時、南田さんが「大林さんはすっぴんが好きよね」っておっしゃったんですよ。あれが南田さんの最後の作品になりましたね。認知症が進んでいた頃だったので、夫の長門裕之さんが心配して、毎日電話してこられて「洋子、大丈夫ですか？」って。

入江　大林監督の映画って、若い人が中心というイメージですけれど、南田さんのようなベテランの俳優さんがたくさん出演されていて。

大林　若い俳優にとっては、やっぱりベテランの皆さんが出てくださるのがいいのよね。

入江　そういう風に監督がおっしゃるから、皆さん気持ちよく喜んで出演なさるんですよね。若い俳優さんを助けてあげてね、みたいな監督の考えがおありだから。

大林　乙羽さんもそうでしたしね、上原謙さんも。

入江　小林桂樹さん、植木等さん、たくさんいらっしゃいますね。

大林　植木さんは「あした」に出てもらったんですが、すごく喜んでくださいました。私が植木さんの運転手をしていたんですよ。ホテルから毎日ね。あれ、深夜0時のお話なので、真っ暗になってから撮影が始まるのね。いつも夕方に植木さんをホテルに迎えに行って、現場まで30分くらいかけて行くんですけど、必ずね、前の日に監督が言ったダジャレをね、植木さんが報告してくれるんですよ。「ちょっとこれはつまんなかった」とか（笑）。

入江　すごく真面目な方だなと思いました。「監督、監督」って言って相談されていました。「あの、夏の日―とんでろじいちゃん―」の小林桂樹さんは、食事時間も次のシーンのことを考えて、稽古していらっしゃいました。皆さんご自分に厳しくて無言の教えをいただいていたように思います。

大林　桂樹さんは特にそうだったんですよ。撮影が3日ぐらい空くので、「お休みくださ い」って申し上げて「どこかお連れしましょうか」ってうちのスタッフが言うと、「いや、大丈夫です」とおっしゃって、何してるのかなと思ったら、ホテルで台本を最初から最後まで読みながらセリフを覚え直していらした。本当に真面目な方でした。

入江　慣れちゃいけないんだなって思いました。監督はよく、現場で台本を書き換えて、渡されましたでしょう？

大林　そうそう、当日差し替えの台本を「号外」っていうんですけど、毎朝出てましたね（笑）。

＊

入江　「麗猫伝説」の時に、母にすごく長い号外をいただいて。

大林　「麗猫」の時は大変だったんじゃない？

入江　ひと晩ではとても覚えられないと思って、私の方が心配で眠れなくなって。そしたら、なぜかワンカットで全部言えたんですよ。あれは、なんか天から助けが下りてきたようで。いまだに信じられないです。現場のスタッフの方々にも神がかっているといわれました。

大林　あの作品はテレビの賞をもらってね。その賞はニュースとかも含めた全番組が対象だったんだけど、優秀賞をもらって、若葉ちゃんに授賞式に行ってもらいましたね。

入江　火曜サスペンス劇場の、なんか記念の回でしたよね。

大林　そう。１００回記念で撮った作品なんですけど。

入江　あれは、母と私の生涯の宝物です。

大林　いい作品よね。

入江　母の化け猫映画が当たって毎年お盆になると上映されるシリーズになり、「化け猫女優」と呼ばれていたのをスター時代を知っていた方々は不憫に思われたようで、触れちゃ悪いことみたいに遠慮されるのを感じていました。けれど、母自身は化け猫を演じていたことを恥ずかしいとはちっとも思っていなかったので。大林監督が私に、「お母さんのあれと同じような作品をやらない?」っておっしゃってくださったのを話したら、母は「猫はこうやるのよ」なんてうれしそうに教えてくれました。

大林　たか子さんで思い出すことがあるの。若葉ちゃんの旦那さんがやっていたトンカツ屋さんに、たか子さんが出ていらしたでしょう?　その時にたか子さんが「今、焼き物をやってるの」と言ってね。それで、自分の手を見せて「昔ね、猫をやってたから、今、こんなに焼き物が器用にできるの」っておっしゃって。たか子さん、やっぱり素敵な方だなあと思いました。

入江　黒澤明監督の「椿三十郎」も、化け猫映画だからどうとか、あまり区別することはないんです。同じだというと黒澤監督に失礼なのかもしれないけど、でも、受けた仕事に対する母の力の入れようはね、変わらないと思うんです。そこを監督や恭子さんが分かってくださっているのがうれしいです。昔、タクシーの運転手さんに、「ああ、今日は背中がゾーっとする」って言われたんです。「今日は親猫が仔猫と一緒だから」って。母は「怖い？」とすごくうれしそうに返していました。「本当に怖かった？」とか言ってるから、なんだか私まで褒められているような気分になって、「ああ、母は幸せな人だな」とも思えました。監督はきっと、そういう母を気に入ってくださったんだと思います。

大林　お母さま、やっぱりお育ちがよろしいから、いろんなことが全て好奇心で見られたんじゃないかしら。本当にたくさんいろんな思い出をたか子さんにはいただいたわ。

入江　こちらこそ本当にありがとうございます。

大林　東宝のスタッフルームに、大林組と黒澤組が一緒に入ったことがあるんですよ。昔の東宝撮影所ってね、門を入ると左側にスタッフルームが10個ぐらいあったのかな、真ん中に廊下があって、一番前に宣伝部があるんです。話が全然飛んじゃうんですけど、黒澤組はね、窓の一つひとつに紙を貼って、全く中が見えないようになっているの。うちの組はみんな若いから、ドアを開けて「ワーッ」という感じでやってるわけ。黒澤組からある日回覧板が来てね、大林組は楽しそうでいいけど、少し静かにしてください、って書いてあった（笑）。

入江　私もそれまでの映画づくりと全然違うと思いました。大林監督ご本人もそうだし、恭子さんもそうだし、皆さん何か明るさも団結みたいな。

大林　撮影所時代の作り方を、監督がちょっと変えたかもしれないわね。東宝撮影所は外部から監督を招き入れるっていうことがなかったの。監督がその第1号だったんですよ。監督はＣＭの撮影で東宝撮影所をばんばん使っていたんです。一番大きいスタジオに「風と共に去りぬ」の草原のセットを作っちゃったりとか、もうみんな、あっけに取られていたみたいでした。そういう監督だったから、撮影所の照明部にしろ美術部にしろ皆さんが大歓迎してくれました。

＊

入江　恭子さんね、私、「転校生」の時に初めてスタッフルームに呼ばれて監督にお会いした時って、あれ、オーディションだったんですか？　もう役が決まっていたんですか。
大林　たぶん、もう決まっていたわね。若葉ちゃんのことは、監督はもう決めていたと思います。
入江　たしか衣装合わせか何かだったような気がするんです。
大林　「転校生」は小林聡美さんと尾美としのりくんと、あと中川勝彦くんが若葉ちゃんの息子役で出てました。聡美ちゃんのお兄さんね。勝っちゃんのことを思うとね、なんか泣けてきちゃうの。これからっていう時だったから。32歳で白血病で亡くなっちゃって。
入江　尾道のロケでね、彼が泳いでいたから、私も海に入っていっちゃったことがありました。
大林　それ、私もいま言おうと思ってたの。瀬戸内海のね、尾道の向かいにある向島にうちの別荘があるんですけど、別荘の前の砂浜が真っ白なの。若葉ちゃんが初めて来た時にね、夜光虫がすごい綺麗なので、あなたに見せてあげたくて、連れてったんですよ。そしたら、若葉ちゃん、「綺麗、綺麗」って言いながら洋服のままどんどん海に入っていっちゃった。
入江　夜光虫にも呼ばれたように思ったのかしら。何やるか分からない。私やっぱりちょっと危ないかもしれません（笑）。自分でも不思議です。

大林　私も初めてだったの、すごく綺麗なのよね、キラキラキラキラキラしていて。

入江　勝彦さん、中川翔子さんのお父さんですよね。

大林　そうそうそう。

入江　勝彦さんがやっぱり洋服を着たままだったと思うんだけど、海の向こうから呼んでたんです。だから私も行っちゃった。

大林　若葉ちゃんがどんどん入ってたのだけ覚えてる。ちょっと待ってって感じ（笑）。

入江　最初の大林組でねえ。

大林　そうね。そうね。そうですね。

入江　もうなんかね、全部が嘘のような、本当のような、夢のような、それまでの私は東映の時代劇しか知らなかったから、「転校生」の撮影現場はすべてが別世界でした。恭子さんがお料理も作ってくださってましたよね。

大林　あの時は、食事のシーンに使う料理、「消えもの」って言うんだけど、それは全部私が作っていたの。

入江　大林組の薩谷和夫さんの美術も本当に素敵でした。人が実際に住んでいるお宅の借りていた普通の部屋が、それがどんどん変わっていく過程をずっと見ることが出来てね。今までは出来上がったセットに入るという感じだったから、もうびっくりしちゃいました。

私の夫の役が宍戸錠さんでした。面白い方ですね。なんか、昔の方って面白いですよね。

大林 錠さんも日活のスター俳優でしたからねえ。

入江 私、「宮本武蔵」（61年）でお通の役で当時の中村錦之助さんの相手役でデビューして。その頃は五社協定で各映画会社がスタッフも俳優も専属の契約制で他社の仕事はしてはいけなかった。私は東映京都の専属で年間5本の作品に出ることになっていましたので、大川橋蔵さんや北大路欣也さんや高倉健さん、いろいろな時代劇のスターと共演させていただきました。でも、松方弘樹さんとは一度も共演していなかったんですが。それが2008年に佐々部清監督の「結婚しようよ」っていう映画で初めて共演したんですけど、松方さんって本当に可笑しいんです。昔の東映を絵に描いたみたいでした。「ぼくはスターになって豪邸を建てて、プールを作って、テニスコートも作って、動物の剥製を飾って、全部の部屋に電話を置いてって、全部それをやったんだ」っていう話を面白おかしく話してくださったんです。観光バスが自宅の前を通る時に「こちらが松方弘樹さんの豪邸です」って紹介したんだよってね。岩城滉一さんも三宅裕司さんも笑いっぱなしでした（笑）。

大林 そうね。京都撮影所なんかは特にそうよね。

＊

入江　今でもとても鮮明に覚えているのは、東映撮影所の床山さんの鏡の前にいた時のことです。そしたら、そこにセーラー服の女学生が入っていらして。それがもうね、オーラが全然違ってたの。

大林　藤純子さん（現富司純子）ですか？

入江　そうなんです。これからデビューするのでって、挨拶回りに来ていらしたんだと思います。お父さまが東映の大プロデューサーの俊藤浩滋さんでしたね。藤さんが入ってらしてね。もうね、なんか本当に後光が差しているようでした。オーラってあるんだなあって思ってね。東映では共演した作品はなかったんですが、大林監督の映画で初めて一緒になって、尾道のカウンターで隣同士になりお話をしました。その後、富司さんが主役の舞台にも出演させていただいたら、いろいろお話しできるようになったんです。大林組のおかげで、黒木（和雄）監督、佐々部（清）監督、犬童（一心）監督と北野（武）監督の作品に出演させていただいたり、岸部一徳さんや素晴らしいお友達に出会えたことは心から感謝しています。大林組がなかったら、私、もうとっくに辞めてたかも知れないですね。17歳でデビューして60年になった時、自分の引き時を考えていた時に「海辺の映画館」のお話をいただきました。台本を拝見して「年老いたお通」とあったので、偶然にしてもまさかデビューと同じ役をいただけるとはと感激し、私は誰に相談する必要もないので神様が与えてくださった機会だと、出演させてもらうことに決めました。

大林　でも、勿体ないわね。若葉ちゃんの舞台、すごくいいのに。

入江　私、監督の作品なら、遺影でもいい。手が映るだけでもいいって思っていました。「海辺の映画館」はね、まさかね。デビューした映画と同じ「お通」という役で辞められるなんて。お願いしたってありえないことですものね。監督の偶然のキャスティングだったとも思いますが、何か思ってくださったんでしょうか。自分の中ではこんな恵まれた辞め方ってあるかしらって思って。

大林　本当に「キネマの玉手箱」だったわね。

入江　監督がすごく優しいなって思ったのはね、私が帰りがけに「お疲れさまでした。ありがとうございます」と声を掛けてくださって。続けて、「若葉さんがお通をやったのは何年前？」って尋ねてくださいました。若いスタッフや俳優さんたちは私のデビュー作も、女優としての私も知らないと思うのですが。それでみんなが「え？　この人、お通やったことがあるの」っていう顔になりました。「60年前です」って(笑)。そんなサービスをね、監督がしてくださったんです。

大林　それはね、みんなに知ってほしいからね。

入江　なんて言うか、さりげなくね、人を喜ばせてくださるんです、別れ際に。

大林　若い子たちにね、きちんと昔の映画を見なさい、見てほしいっていうことを言いたかったのね。

入江　監督はすごくおおらかなんだけど、繊細なところもおありなんだと思います。

大林　そうですね。

入江　愛情の機微みたいなね。

大林　それはもうね、その塊でしたね（笑）。

入江　恭子さんが一番そういう大林監督をご存じでいらっしゃいますもんね。

大林　ああもう、本当に繊細ですよ。

入江　おおらかっていうか、豪放磊落に見える方って、大抵は繊細ですよね。

大林　そうですね。

入江　中村錦之助（萬屋錦之介）さんも繊細な方で、もうびっくりしました。錦之助さんが亡くなられた後に、デパートで展示会があって、錦之助さんが使っていらしたものを並べてあったんですね。そこに台本があって、私も同じ台本を持っているんですが、私たちのは東映の方が表紙にそれぞれの名前を入れてくださっていたんですけど、錦之助さんのは全部、自分の字でね、名前を書いていらしたんですよ。自分で書かないと嫌だったみたいなの。台本の中もね、すっごく細かくご自分の演技プランなんかが書いてありました。私、錦之助さんが撮影現場で台本を持ってらしたのを見たことがないんですよ。初舞台も錦之助さんでしたのにびっくりしました。
大林　時々いますよね、そういう方。
入江　本当に繊細な方だったんだなって、亡くなられた後に分かりました。字もね、おとなしいような綺麗な字でね、私、それは見たことなかったなと思ってね。
大林　若葉ちゃんも綺麗よね。私ね、若葉ちゃんにお手紙書くのが嫌なのよ。若葉ちゃんが本当に綺麗な優しい字を書かれるからね。
入江　私はね、夜中に何度も書き直してるからゴミ箱だけが知っているです（笑）。でも今は気取るのはもうやめようって。変な話になっちゃってすいません。だけど、恭子さんは、ほとんどずっと監督とご一緒にいらっしゃいましたね。
大林　そうね、もうほとんど一緒でしたね。
入江　喧嘩とかしないんですか？
大林　喧嘩する暇がなかったんじゃないかしら（笑）。
入江　監督には絶対に恭子さんがいらっしゃらないとね。
大林　でもね、なんかで一度ね、出掛ける前に喧嘩したことがあったの。喧嘩じゃなかったかな。なんか意見が違ったまま、監督が出掛けようとしたんで、私、「車で送らないわよ」って言って、監督が歩いて家を出たんですけど、しばらくして戻ってきて、「ごめんね」って(笑)。あらためて車で送ったの(笑)。それが唯一の思い出かな。あとはね、そうね、喧嘩したことって、本当にないかも知れないわね。

入江 監督がやっぱり、恭子さんがいないと自分が困る、って分かってらっしゃるからですよね。現場に恭子さんがいらっしゃらないと、何か監督はね、元気がないというか。

大林 みんなそう言うのよ(笑)。

入江 そうでしょ。やっぱりね、私だけが感じてたんじゃないんですね。

大林 ほとんどね、一緒なんですけどね。ロケなんかに私が遅れていかなきゃならなかったりすることがたまにあるんですよ。1週間ぐらい遅れていったりすると、なんかみんなからね、「ああ、恭子さん来てよかった」って言われる。「なんで?」って聞くと、「監督が全然元気なかったから」って言われる(笑)。

入江 やっぱりそうなんだ。私、こんなこと監督には言えないし、恭子さんにも失礼ですけど、子供が親を探すような感じでした(笑)。

大林 ひどいわ、若葉ちゃん(笑)。でも、本当にそうよね、そんな感じよね。なんかちょっとね、甘えんぼなところがあるの。まあ、本当に長い付き合いですからねえ。

入江 でも、やっぱりそれだけじゃない。恭子さんは恭子さんで監督を尊敬してらして、信頼関係がね、すごいです。

大林　それはありますね。うん。

2012年　試写室にて

＊

入江　尾道の向島の別荘はすごくおしゃれな感じですね。

大林　そう、若葉ちゃんもよく来たわよね、尾道に行った時。

あそこはほら、「日本一長寿村」っていう看板が出てるぐらい、みんな長寿でね、私たちが別荘を作った時は、挨拶に行くと、みんなおじいさんおばあさん（笑）。なんかね、あの頃読んだ小説にね、若い夫婦が村に移住するんだけど、挨拶に行くと老人ばっかりで、っていう小説があったんです。それ読んだばっかりだったので驚きました（笑）。

入江　そうなんですね。

大林　今はね、若い人たちが移住してきて、お菓子工房だとか、いっぱい作ったりしていますよ。

入江　今は船じゃなくても橋を自転車で渡れるんですよね。

大林　そうそう。しまなみ海道ね。

入江　尾道の西願寺のご住職が亡くなられたんですね。

大林　そうなんです。「さびしんぼう」のロケをしたお寺ね。息子さんが今、ご住職になられてるんです。

入江　私、「海辺の映画館」の撮影の帰りに、大林組の美術監督だった薩谷さんの墓参りに行きました。薩谷さんには主人の店の改装の時デザインしていただき、大変お世話になりました。大林組のお陰です。

大林　薩谷さんは、東宝の美術部だったんですけど、「ＨＯＵＳＥ　ハウス」で監督と出会ってからはね、「もう大林さんの作品しかやらない」って言って東宝を辞めちゃった人なんですよ。それで挙句の果てには「僕は尾道に眠りたいから」と言われたの。「恭子さん、僕たちがいつも泊まってるホテルがあったでしょ。僕の部屋から西願寺が見えるんですよ。それでなんかね、僕が死んだら、西願寺にお墓を作ってほしい」って。

入江　そうなんですか。高台のすごくいい感じのところに立っていますね、尾道の街を見渡せるようなね。

大林　薩谷さん、若くして急に亡くなられてね。私たちが看取ったの。ずっと前に「西願寺にお墓作って」って言われてたのを思い出してね。監督のお墓も、西願寺のさっちゃんのお墓の近くに建てようかしらとも思ったりしています。

入江　監督が撮影に入る時って、恭子さんが全部準備をなさるんでしょう？

大林　ええ。

入江　大変ですよね。後の始末も全部恭子さん。公私ともにですから。

大林　そうですね、最初から最後まで関わるのは私ですね。

入江　監督が頼りにしていらしたのがとても感じられました。

大林　監督もね、自分で編集をするから普通の監督よりも長く関わっていますね。事務所の隣が編集室で、夜中1時2時まで仕事をするっていう日が2〜3カ月続くかなあ。編集って2週間ぐらいで終わるものらしいですけどね。監督はほら、好きだから。

入江　自分で編集をする監督って少ないのですか。

大林　そうですね。あまり多くないですね。監督が映画を撮り始めた頃はね、自分で編集するのは、黒澤さんとか市川崑さんとか、ごく一部でした。黒澤さんはね、「僕、早く編集室入りたいよ」って言ってるのを私も聞きました。東宝撮影所の編集室にこもって、本当にうれしそうな顔で編集をしていました。その時の黒澤さんの笑顔は忘れられません。

＊

入江　もう一つうかがいたかったのは、「海辺の映画館」の時に、監督はモニター画面を見て指示していらっしゃって、いつもと違うなと思いました。

大林　あれは最後の作品だけだったの。自分が動けなくなったから。それまでは、カメラのそばにいて、いろいろ動き回って演技をつけたりしていました。カメラを覗くのはしませんでした、やっぱりカメラマンに対して失礼だから。

入江　そうだったんですね。今の監督さんの多くはモニターを見ているのが普通なので、別に不思議とかじゃないんですけど、大林監督はそれまでの、ね、いつもご自身で動いて見せてくださったりしていたので、そういう方法を変えられたのかな、とも半分思っていました。

大林　ううん、自分で動けなくなったから。モニターを見ていても、かなりイライラしてましたね。イライラする監督を見て、びっくりしたでしょうね、みんなきっと。

入江　よくそのご体調で完成まで漕ぎ着けられましたね。本当にすごいことです。身を削るっていう言い方はよくないかもしれないけれど、内田吐夢先生も最後の作品はそうだったんですよね、酸素ボンベを持って、看護師さんがそばについて。大林監督も体力のすべてを使って完成させられたのですね。

大林　ええ。まさにそうですね。

入江　それで私、いろんなこと思い出してきて、大林監督が現場で台本を足されるようなことは、内田組ではめずらしいことでしたが、武蔵が巌流島に向かうお通との別れのシーンでお通に「あなたの手は血で穢《けが》れている。人を殺《あや》めて何が正義ですか」というセリフを加えられました。戦地から帰られた内田監督と大林監督の思いが重なって、その当時以上にお二人が重なりました。使命感っていうんでしょうか、何かそういう気持ちで最後の方、体力をしぼって訴えられたんだと感じました。

大林　それはあるわね。そうね。

入江　私たちは現場しか知らないけれど、恭子さんは、監督の一部始終を見ていらして、休ませてあげたいとか、もういろんな思いが重なっていらしたんじゃないかと思うんです。

大林　私は逆にね、次の作品を用意しとけばよかったなって思ったの。とにかく映画ありきの人生だったでしょ？　映画を作っている時は気力が充実していました。だから、次の作品を用意しとけば元気が出たのかなって。

入江　なるほど。

大林　黒澤さんがね、「僕、まだ20本も30本もやりたい映画があるんだよ」って言っておられました。「あと400年はかかるな」って（笑）。「400年生きることはできないから、大林くんが僕の続きをやってほしい」というのが、黒澤さんの大林への最後の言葉でした。

入江　映画は残りますから。

大林　ええ、そうね。

＊

入江　私、大林監督以外の映画に何本か出させていただいてますが、そのプロデューサーや監督さんっていうのは多分ね、大林監督の映画を見て育ってきた方のような気がするんですよ。つまり大林作品に出てたから、私を使ってくださったんだろう、って。例えば、北野武さんの映画とかね。私がたけしさんの映画に出るなんて私もびっくりしましたけど、よくよく聞いてみると、スタッフの方が大林監督のファンだったそうです。

大林　たけしさんとこはね、「転校生」の時のセカンドの子が、たけしさんの事務所のプロデューサーになったって聞いたけど。

入江　やっぱりそうなんですね。

大林　たけしさんには、私、面白い体験があって、東宝に小谷承靖という監督がいらっしゃるんだけど、大林が出演を頼まれてね、小谷監督の映画に出たことがあるの。それがたけしさん主演の「すっかり…その気で！」（81年）という作品だった。大林が出演する日に、私がついていくでしょ？　だけど、たけしさんは私が大林の妻であることは知らないわけですよ。それで、私のそばで「あの大林さんって監督はすごいんだよ」って教えてくれたんです。だから私、自己紹介できなくなっちゃった（笑）。うれしかったです。それでね、一度だけ、大林をたけしさんが番組に呼んでくださったんですよ。ただ、大林はバラエティー番組に出ると乗っちゃうタイプだから、たけしさん、これはやばいと思って呼んでくれなくなった（笑）。なんかそういう思い出があります。

入江　なるほどなと思いますね。たけしさん、すごく親切にしてくださって。「監督・ばんざい！」という作品でしたけど、私は、たけしさんが定年退職の日に立ち寄る小料理屋の未亡人の女将役でした。たけしさんの映画では、カットされる俳優が多いって聞いてたのに、全部使われてたの。

大林　そうなんだ。「転校生」の若葉ちゃんが気に入られてたんじゃない？

入江　やっぱり大林監督なんですよ。私、ほかのことも、全部そういう気がするんですよね。ほとんどが大林監督からの繋がりだと思うんです。

大林　でも「転校生」の若葉ちゃん、本当に良かったわ。

入江　でもほら、本当にやっぱりね、下手っぴいだからね、芝居をしない時はいいんだけど。駄目な時は本当駄目なの。

大林　大林の好きなタイプだ（笑）。映画は舞台の芝居とは違うのよね。映画はほら、もう台本の最後から撮影したりとか、飛び飛びで撮影するでしょ。だから違うのよ。

入江　「廃市」の時にね、あの作品の私がいい、と言ってくださる方がいるんだけど、私、全然しゃべっていないですから。やっぱり、私、しゃべらない方がいいみたい（笑）。でも私、「廃市」は大好きなんです。

大林　私も大好きよ。あの作品は好きな人いっぱいいますよ。柳川ロケで覚えているのはね、とんちゃん、ほら峰岸くんが痩せなきゃなんなくて、監督から食事制限を言い渡されていたでしょ？　とんちゃんが可哀想になって、クランクインの前日にね、柳川はうなぎが有名だから、うなぎせいろをご馳走したんですよ。そしたら悪いことに、２人で出てきたところを監督に見つかって、ずいぶん怒られたの（笑）。

入江　うなぎがすごくお勧めで、ご馳走って言うと、うなぎが出てきてました。そういえば、「廃市」をご覧になった黒木和雄監督が私を呼んでくださったんです。「ＴＯＭＯＲＲＯＷ　明日」でした。黒木監督の作品には２本出てるんですけど、「廃市」の、私が黙って峰岸さん、おじさんの背中を拭いたりするワンカットが良かったと言ってくださって。

大林　私も大好きなんです、あのワンカット。ちょうどおじさんと心中する前のシーンです。

大林　あの心中死体はおかしかったわね（笑）。２人で寝ちゃっているんだもん。ライトを浴びているのに、いびきまで聞こえてきてね。

入江　普通は緊張するじゃないですか、それなのにもう、２人ともねえ（笑）。

大林　あれは83年だったかな、なにしろテレビも入れると、５〜６本やってるんですよ。ジュリー（沢田研二）のスペシャルドラマもありました。

入江　あれ、すごく好きでした、ジュリーさんの「恋人よわれに帰れ　ＬＯＶＥＲ　ＣＯ

ＭＥＢＡＣＫ　ＴＯ　ＭＥ」（83年）。脚本が早坂暁さん。本当に素晴らしい。

大林　小川真由美さんとでしたね。そんな忙しい夏に、２週間だけ空いたから、監督がスタッフとキャストに「参加出来る人はこの指とまれ！」で「廃市」を撮ったんです。だから、超ハードスケジュールで、みんな立って寝てたのね。心中死体はいびきかいてるし（笑）。

入江　若い人より中高年の方が実はタフなんだよ、なんて言ってたのにみんなぼろぼろになって。監督はほとんどホテルのお部屋に入らなかったんじゃないですか？

大林　２０００万円で作る映画だから、それこそホテルなんか本当は取れないんだけど、私、とにかくホテルだけはきちんとみんな個室を取ってあげたんです。でも、誰もちゃんとベッドで眠れなかったの（笑）。

入江　そうそう。でも、なんかやっぱりああいうのも思い出としては大切ですね。

大林　そうね、スタッフも思い出になっているみたいです。御花《おはな》のそばの島田さんという造り酒屋さんとも、いまも仲良しだったりするんです。

入江　やっぱり、地元の方々の応援があってこそですよね。

大林　そう、あの時、柳川の青年部が６人ついてくれたんですよ。男の子３人と女の子３人。そのうちの一組が結婚したの。彼らともいまだにお付き合いがあるわね。彼らもやっぱり「すごく楽しかった」って言ってくれます。

＊

入江　大林さんはその場限りじゃないんですね。あの北海道の芦別市だってそうでしょ？

大林　ええ。そうですね。芦別では、監督が20年間、「星の降る里芦別映画学校」というのをやっていたの。「風の谷　野のおもひで館」という施設が最近出来たんだけど、素晴らしいのよ。映画学校時代の資料などが全部展示されています。映画学校からのご縁の方たちの監督への愛がいっぱい込められています。時折、私を呼んでくださり、

「風の谷　野のおもひで館」外観

楽しい思い出に話がつきない時間をいただいています。そばには、映画学校時代に監督が名前をつけた「あした山荘」があり、今はカフェとして素敵な時間を過ごせる場所となってます。

入江　だいぶ前になりますけど、監督が芦別に連れてってくださいましたね。雪のすごく深い時で、私、初めてホットワインっていうのを飲みました。

大林　ああ、映画学校の時に毎回、監督の作品を上映してたので、その舞台挨拶か何かで一緒に行ったんだと思う。真冬の開催になって初めの頃だから、「廃市」かもしれないわね。とんちゃんも来ていたし。きっと「廃市」だわ。

入江　雪がすごいんで、市役所の人たちがみんなで道を作ってくださってね。なんか、市民の方が皆さん、すごく熱いんですよね。そして優しい。今日は無理ですと言って中止に

館内の天井一面に監督のデザインした校旗が

したっていいほどの雪だったのに。

大林　そう、今でもずうっと、皆さん、熱くて優しいのよ。

入江　私、ずいぶんいろんなことを詳しそうに話した記憶があります。全然詳しくないのに。

大林　いや私よりやっぱりちゃんと覚えてるところがすごいわ。

入江　なんかやっぱりそういうのはね、あるんですよね。ニューカレドニアなんかもそうですけど、いろんなところでね。何か映像で思い出してくるんですね。スコップで雪かきをして、道を作ってくれたり、私たちがそこを歩いていたりする映像がね。

大林　若葉ちゃん、またぜひ一緒に芦別に行きましょう。

入江　ええ、もちろん。

私ね、本当に何か皆さんに甘やかされてると思うんですよ。オーディションも一度も受けたことがないし。たぶん1回落ちたら、二度と立ち直れないと思います。特に今は、なんでもすぐに出来なきゃ駄目だと言われますもんね。

大林　え？　そうなの？

入江　監督や恭子さんは選ぶ方の人だから、見方が違うかもしれませんね。大林組の俳優さんは、皆さん、いい方ばっかりですね。

大林　それは、こちらが恵まれてたと言いたいぐらいですけど（笑）。

入江　大林組には、他人を押しのけてどうのっていう感じの人がいなくて、みんなで作りましょうみたいな雰囲気をみんなが持っている気がしますね。

大林　それは本当ね。スタッフもキャストも、誰が欠けても映画は成立しないから。

入江　監督も恭子さんも、チームワークをとても大事になさっていますからね。隅っこにいても、ちゃんと見ていただいてる、っていう気になるんですよね。だから、気持ちのありようが違いますよね。監督がすぐ横にいたとしても、「見てくれてない」と感じるのと、「ちゃんとあなたのこと見てますよ」って感じさせていただけるのとではね、全然違いますからね。

大林　まあね、それはそうよね。

入江　私が東映でデビューしたての頃なんて、目立たないところにいると、「駄目駄目、ここだよここだよ」って、いい照明の当たっているところをちゃんと教えてくれたけど、年を重ねてくると、そういう場所に自分がいなくなっていくのを感じる時が増えてくるんですね。私の場所だったところに別の若い人がいて、自分はもうサイドに行ってしまっているっていうかね。自分がどこにいるべきかを誰も教えてくれないから、自分で確認しなきゃいけないような時が来るんですね。東映の時はみんながちやほやしてくれて、「若葉、ここだよここだよ」って言ってくれました。でも、よその現場に行くと、一見親切そうだけど、「別にいてもいなくてもいいんじゃない？」っていう感じに思えて寂しくなる時もあるんですよね。でも、一度通り越しちゃうと、それにも慣れてくるんですけどね。でも、大林監督の場合は、例えば、地元のエキストラで来てる方でも、みんなで作ってるんだよっていう空気が皆さんに伝わるから、張り合いがありますよね。やっぱりね、誰かが見ていてくれるっていうのは、うれしいものなんですよ。

大林　俳優さんにとっては特に大事よね。やっぱり常に気持ち良くなっていてもらわないといけない。

入江　エキストラを全員平等に映してたら、大変なことになってしまうけど、でも、ここにいて、この俳優の芝居のためには、あなたはここにいた方がいいんですよ、って言われると、何かが違いますからね。映る映らないだけじゃない何かが違う。

大林　そうね、監督がよく言っていたけど、俳優に対して「出番じゃなくても、ここにいなさい」っていうのもそういうことね。

入江　微妙なことだけど、でも、そういうのが面倒くさいから、もうこのシーンに映っている人だけいればいいや、ってなっちゃう。

大林　昔の撮影所システムの時は、助監督は監督昇進を夢みながら育っていったわけでしょ。今はもうみんなフリーだから、そういうことを知らないんですよ。分からないんじゃなくて、まず知らない。あの撮影所時代というか、うん、そういうあのシステムの良さも確かにありますよね。先輩を見ながら、技術的なことやいろんなことを覚えていくみたいなやりかたもね。それを変えちゃったのが大林だけど（笑）。

入江　大林監督は助監督の経験はなく、監督になられて。普通は順番でフォースからサードそしてセカンドからチーフになって。

大林　昔の撮影所はね、順番があったわね。だから、あんまり偉そうなことは言えないんだけど（笑）。まあでもね、フリーの良さっていうのも、もちろんありますからね、徒弟制度に縛られて、何年勤めるまで我慢しろ、みたいなね。

入江　それまでの世界をね、大林監督がイメージを変えられた。大林監督はいまの日本の映画界のパイオニアでいらしたんだと改めて感じます。

山田洋次＋大林恭子 対談

「今こそ、いろんな、いろんな話がもっとしたかった」

「海辺の映画館―キネマの玉手箱」の尾道での撮影に陣中見舞い

山田洋次　やまだ・ようじ　映画監督

1931年生まれ。少年期を満州（中国東北部）で過ごす。54年、東京大学法学部を卒業し、松竹大船撮影所に入る。助監督として野村芳太郎監督らに付く。61年、「二階の他人」で監督デビュー。倍賞千恵子主演の「下町の太陽」（63年）が評価を得る。69年、渥美清がフーテンの寅を演じた「男はつらいよ」がヒット。以後、95年の渥美の遺作「寅次郎　紅の花」まで、「男はつらいよ」シリーズは48作（渥美の没後に作られた2作を含めると50作）が作られ、国民的映画となった。その後も「たそがれ清兵衛」（02年）「母べえ」（08年）「小さいおうち」（14年）「家族はつらいよ」（16年）など精力的に監督作を送り出している。最新作は吉永小百合主演の「こんにちは、母さん」（23年）。

――本日は大林宣彦監督と親交のあった山田洋次監督に、大林さんの成城のお宅に来ていただきました。どうぞよろしくお願いいたします。成城には東宝スタジオがあって、映画関係の人たちが大勢住んでいる映画の街です。山田さんも成城にお住まいなんですね。

山田　ええ。大林さんも僕も、東宝とは関係ないんだけども、成城の縁ですね。

――山田さんはなぜ成城にお住まいに？

山田　昔の話ですが、成城の隣の祖師谷に住宅公社の団地が出来て、結婚したての頃に応募したんです。昭和30年代の前半だから、団地っていうのがおしゃれでモダンだった。それが運よく当たったんです。

大林　あの団地には、たくさん、映画関係の方が住んでいましたよね。

山田　松竹大船撮影所まで1時間半くらい掛かっちゃうんだけど、やっぱり団地に入りたかったからね（笑）。

大林　すごくいい団地でした。お友だちや、成城大学の教授も住んでらっしゃいました。

山田　仕方がない、通勤のことは我慢しよう、おしゃれでモダンな生活を選ぼう、って。娘もそこで生まれたんです。

――娘さん同士が小学校の同級生だったんですよね。

大林　そう。だから山田さんのことはよく存じ上げてはいましたけど、もう畏れ多くて、私なんか山田さんがいらっしゃると、思わず下を向いたりしていました（笑）。

山田　僕らも大林さんのことは聞いていましたが、祖師谷の頃はまだお付き合いはなかったですね。

大林　そうですね。隣町の成城に引っ越したら、山田さんも成城に引っ越されているって聞いて、びっくりしたんです。

山田　いつ頃ですか、成城に越したのは。

大林　娘の千茱萸が20歳の時だから40年くらい前ですね。

山田　その頃は、確か僕はもう成城にいましたね。

大林　きっとそうですよね。あら、また山田さんとご近所だわ、って思ったから。

山田　僕らは映画人といっても、みんなそれなりに地道な暮らししてたの。ところが、千茱萸ちゃんのご両親は全然違ってた。今で言う、華やかな業界人だった（笑）。

大林　いえいえ。山田さんこそ、畏れ多くて近寄れませんでしたよ。

山田　何言ってるの（笑）。大林さんは本当に、カッコよかったんですよ。

――そうですよね。おしゃれですよね。

山田　娘が学校から帰ってきて、「今日、大林さんのパパがＰＴＡに来てた」という話をしてね。娘の友だちが「ああいう人を色男っていうんでしょ」って言ったんだって。「どういう意味だ」と聞いたら、「だって、色のついたシャツ着てる」(笑)。

――うまい！！

山田　色のついたシャツなんて、あの当時普通の男はまだまだ着ていなかったからね。男は白いシャツに決まってた。

大林　成城大学の学生の頃は、ベレー帽をかぶってました。黒いロングコートにベレー帽(笑)。それで授業に出ないで、講堂でピアノばっかり弾いていた。

山田　卒業はなすったの？

大林　してないんですよ。6年間授業料を払って、結局卒業してません。私の卒業と共に退学しました。学長に近い方から「大林君は卒業証書はもらえないけれど、世の中に出たら頑張ってくれ」と言われていました。

＊

――山田さんはどんな学生生活だったんですか。

山田　僕は引揚者だから、戦後は貧乏暮らしをしてたんですよ。親父はなかなかまともな就職ができなくて。大学に入って山口から東京に出て来たんだけども、ほとんど仕送りがなくて、自分で稼いで食っていくっていうかな。

大林　アルバイトをされてたんですか。

山田　ええ。まあ、それでも何とかなったんだねあの時代は、寮は安いし、あと育英資金もらって。最低ギリギリの生活だけどね。大林さんは何年生まれ？

大林　１９３８年、昭和13年です。

山田　僕は１９３１年だから、７つ違うんですね。僕の学生時代と大林さんたちとはかなり違っていたように思います。僕らの世代はまあ、生活の苦労があったから、リアリズムの世界ですね。大林さんはそういう生活的な苦労はなさってないと思うから、表現の世界が最初からもっと軽やかだったんじゃないかな。大林さんの映画を見ると、ちょっと敵わないってとこがある、それはスタート地点が違っているからじゃないかな。

大林　７年なんですけど、時代が戦後、スタート地点が終戦の年です。

山田　あの軽やかさってのはね。僕らの大学時代のテーマは「日本人はなぜこんなに貧しいか」っていうことでしょ。映画だってそういう映画が多かった。

大林　山田さんは私のお姉ちゃんと同じ年齢なんですね。うちのお姉ちゃんも、女学校時代に演劇をやるのに「人は何で生きるか」とか、そういう題名のお芝居をやってたの思い出した。

山田　この国はこれからどうすればいいのか、って、そんなことを真剣に考えていた世代です。いつも貧乏という問題があったからね。そういう意味で、あの貧しい時代を、大林さんはどんなふうに生きてたのかなあという興味があるんです。

大林　そうですね。大林はきっと、生活には困っていなかったですね。

山田　同じクラスの友人と話してて、「親父とこないだ歌舞伎を見に行ってさ」みたいな話が出ると、こっちはぎょっとするのね。親父と歌舞伎なんか見てるんだ、こいつは、と（笑）。これは敵うはずがないな、という気持ちがありました。僕はどうしても生活派なんです。大林さんを見ていると、本当に羨ましいし、また興味があるのね。僕と全然違うところにいた人が撮る映画はとっても刺激が強かった。

＊

――山田さんと大林さんはどんなきっかけでお付き合いが始まったんですか。

山田　成城にある大林さんの事務所の隣に喫茶店があって、僕はよく、新聞を読んで時間をつぶしたり、スタッフと打ち合わせをしたりしていたんです。大林さんも来られていましたね。

大林　山田さんが毎日いらして、コーヒーを飲みながら打ち合わせをしているっていうのは有名でしたから。あそこに行くと、山田さんとお話しできるかしら、って。結局、初めてお話ししたのはあの喫茶店でしたね。

山田　そうですね。それから話すようになって。あるとき、大林さんが、「成城には他にも監督仲間がいるからね。みんなで時々集まるってことしたら？」っておっしゃったんです。

大林　山田さんが「シネマ会」っていう監督たちの親睦会を始めたんですよね。

山田　言い出したのは僕だったか、大林さんだったか。どちらからともなく「そういうのいいね」となって、山崎貴くんとか、沖田修一くんとか、犬童一心くんなんかが成城にいたんだな。

大林　監督同士って、実はなかなか会えないじゃないですか。だから、山田さん、すごいことを考えられたなって。

山田　いやいや、大林さんと話をしているうちにそんなことになったの。僕なんか、松竹で育った企業出身の監督だからね、付き合いの範囲が狭いんですよ。大林さんはフリーの人だから。

大林　そうですね。最初からフリーでしたね。

山田　だから、とても顔が広い。大林さんがいろんな人に声をかけてくれました。「この界隈に住む人たちで、そういうのをやろうよ」と言って、「シネマ会」が始まったんですよ。

大林　「シネマ会」が終わるとね、山田さんが必ず大林を送ってきてくださるんです。大林がもう病気だったので。いつも玄関で「はい、恭子さん、お渡ししますよ」って言ってくださって。

山田　あの会はね、最後に必ず大林さんが一言、話すんです。「大林さん、お願いします」と言うと、立ち上がって近頃の映画についての感想とかを話す。あのいい声でさ、やっぱり締まるのよ、それで。

大林　いや、山田さんあっての会です。

山田　大林さんでなきゃ、出来なかったと思いますね。

大林　でも、いいことでしたよね。若い監督たちにとって、山田さんにお会いする機会なんて、なかなかないし。うちもそうでしたよ、山田さんに会えるのを楽しみにしていました。

——何人ぐらい集まるんですか。

山田　だんだん増えていって、30人ぐらい集まるの。だから年輩と若いのと分けようと。特に、このコロナ時代に入ってからは。年配の会が終わる頃に若いのがやって来て、12時、1時まで飲んでる（笑）。

大林　監督たちってね、一緒に会うことがほとんどないですね。だから、すごく良いことと私は思ってました。帰りはいつも山田さんが大林の手を繋いで、玄関までね。

山田　岩井俊二くんや是枝裕和くんも来るよね。本広克行も常連。それからプロデューサーの川村元気くんとか、最初の頃からいつも来てた。「この中で一番ヒットした映画作ったのは誰だ」「本広じゃねえか」「いやいや、川村元気だろう」「山崎貴だよ」とか（笑）。

――ヒットメーカーが勢揃いです。

山田　大林さんと会ったから、そういう会ができたんで、本当に大林さんには感謝しています。なんだろう、周りに人を集めるという、そういう人柄ですね。分け隔てがなく、いろんな人と付き合える……。こんな話を続けててもいいの？

――はい（笑）。こういうお話が聞きたいんです。黒澤明監督も成城にお住まいだったので、山田さんとも大林さんとも親交があったそうですね。

山田　黒澤さんは撮影が終わると、毎晩、ウイスキー1本開けてたってね。

大林　そうなんです。すごかったです。黒澤さんと本多猪四郎監督とね、お酒をご一緒したことあるんですけど、オールドパーを2人で1本ずつ開けていました。

――1本ずつ⁉

大林　2人で2本。もうびっくりしました。2人はとても仲良しで、本多さんちに遊びに行っていると、黒澤さんから電話がかかってきて、「一緒に相撲見ようよ」とかね。黒澤さんは「車を回すから」って言うんだけど、本多さんは必ず歩いて行っていましたね。

——本多監督もご近所なんですよね。成城はやっぱり素晴らしい。

大林　本多さん、山田さんのことを、きっとすごく好きだったはずなんです。

山田　僕はお会いしたことはないんですが、よく黒澤さんから話を聞きました。若い頃、本多さんと黒澤さん、谷口千吉さんの3人が仲の良い助監督同士だった、と。

大林　黒さんがチーフで、千ちゃんがセカンドで、本多さんがサードみたいな、そんな話を聞いたことあります。

山田　山本嘉次郎監督がね、脚本がうまくいっていない箇所があって、黒澤さんたち助監督に「今夜、直しておくから」って言ったら、谷口さんが「山さんはあんまり本がうまくないんだからさ、それ、黒さんに書かした方がいいよ」って。山さんも「そうかい、じゃあ、黒さん書いてくれ」と（笑）。そういう雰囲気だったって聞きました。

——いや、いいなあ。いい師弟関係ですねえ。

大林　黒澤さんと本多さんは本当に仲良しでした。黒澤さんの最後の何本かは本多さんと一緒に作っていますよね。あれはどの作品だったかな、黒澤さんが監督名を「黒澤明、本多猪四郎」の共同名義にしようとしたことがあったんです。その時、本多さんは「監督は

1人です」と言って断っていました。それは、私、たまたま立ち会って聞いてたの。
山田 「八月の狂詩曲」（91年）とか、あのあたりはそうだなあ。
大林 そういう意味で、一番残念なのは、山田さんと大林とで、オムニバス映画のような作品をつくる話があったんです。ぜひやりたかったんですけど、それだけがちょっと心残りです。
山田 そうね。やりたかったね。

＊

――山田さんも、黒澤さんのお宅にはよく行っていらしたんですね。
山田 ええ。ある時、お宅にお邪魔して部屋に入ろうとすると、黒澤さんが前のめりでテレビを見ていたことがあってね。何を見ているんだろうと思って画面をのぞくと、それが「東京物語」のＤＶＤだったの。
――黒澤明が小津安二郎を見ている。映画史の1ページですね。
山田 黒澤さんに聞いたけどね。「俺、小津さんに頭が上がらないんだ」って言ったことがありました。デビュー作の「姿三四郎」（43年）って、あれ戦争中の映画でしょ。だから政府の検閲があるわけですよ。上映が終わった時に陸軍の将校が「三四郎と小夜が出会う神社の場面はラブシーンだ。ラブシーンはアメリカの思想であるからカットしろ」と。それがかなり強引な言い方で、みんな白けたらしいのね。日本映画監督協会の代表も来ていて、その1人が若い小津さんだったのね。その小津さんがすっと立って「もしこの作品を100点満点で採点しろと言われたら、私は120点をあげたい、黒澤くんおめでとう」って。小津さんはもちろん初めて見たわけよ。その将校はむっとしてたけど、そのおかげでカットされずに検閲をパスした。黒さんは「小津さんがいなかったら、その将校を殴っていたかもしれない」と。

大林 すごい話ですね。

山田 「だから頭が上がんないよ」って。その話をしているうちに、黒澤さんの顔が青〜くなってきてね。額に筋が立ってくる。怒ってるのよ。黒澤さんって、そういう人だね。「東京物語」を見ている時も、ものすごく集中して見ていたので、僕は何だかこわくて部屋に入れなかったんですよ。今ならスマホで動画を撮っていただろうな（笑）。黒澤さんが集中する時って、なんかものすごい。到底僕らには真似できないね。

――黒澤さんの映画がそうですもんね。画面の集中力というか凝縮力がすごい。見終わると、こっちも凝縮されている（笑）。

山田 「七人の侍」（54年）の助監督をやってた人に聞いたんだけどね。あの最後の雨中の乱闘でクランクアップだったんだけど。宮口精二さんの侍が倒れ、黒澤さんが「はい！」「今のＯＫ！」と声が掛かって「これでクランクアップだ」って叫んだ。そしたら、木村功がワーッと泣き出したんだって。

大林　へえ。それもすごい話です。

山田　スタッフが引き揚げようとすると、黒澤さんが動けないんだって。どうしてかっていうと、腰のあたりまで泥水の中に浸かっちゃってんだ。みんなで助けに行って、あの大きな体を引っ張り上げたんだって。

——まさにすごい集中力です。

山田　すごいよね。

——あれ、成城の近辺なんですってね。

山田　そうそう。東宝スタジオの周りで結構撮ってるんだ。あの時代は砧町なんてまだあんな感じだったんだね。水車小屋の川だって、あれ仙川だから（笑）。

＊

——成城界隈はやっぱり映画の街ですね。山田さんと大林さん、そして黒澤さん。作風の異なる監督たちがこうして親交を深めている。憧れの街です。

山田　大林さんがおっしゃったことで、よく覚えていることがあるんです。「山田さんは映画監督だけど、僕は違います」って。どういう意味だか分かんなくて、変なことをおっしゃるなと思ったの。僕が「どうしてですか」って尋ねたら、「だって山田さんは助監督を経て、今日から監督として契約する、と会社から言われたわけでしょう?」と。「書類に判子をついて監督契約をすれば、その時から監督なんです。僕はね、子どもの頃から、ある意味ずっと監督していたから、どこからが監督だ、というのがないんですよ」っておっしゃった。

大林　ええ。自分では「映画作家」と言ってましたね。

山田　そうですね。「監督っていうのがどうも落ちつかない。むしろ映画作家って言ってほしい」と。なるほどなあと思って。僕らが育った時代ってのは、東宝でも大映でも皆そうだけども、企業で映画作ってたでしょ。だから、先ず、助監督として採用されるわけですよ。で、会社の社員になるんです。

――会社によって、演出部のシステムも少しずつ違っているんですよね。

山田　松竹で言えば、一番若いのはフォースと言って、これはカチンコたたいたり小道具の担当。サードは衣装とか美術関係です。セカンドが松竹の場合はちょっと特殊なんだけど、編集専門でスクリプターをやる。これが勉強になりました。チーフ助監督は全体のスケジュールを見る。そういう風に決まってた。そうやって経験を積むうち、「あいつに1本撮らせよう」って会社が判断し、監督デビューする。うまくいく場合もありますし、失敗する場合もあります。そんなこんなで、だんだん振るいにかけられ、監督として生き残っていくという形があったわけです。大林さんは全然そういうところにいなかった。

大林 ええ、そうですね。大林の頃はもう助監督の試験がなかったように思います。

山田 ああ、そうね。だんだん映画界全体が傾いてきて。大林さんたちは映画会社に入りたくても試験自体がなかったんだ。

大林 だから、自分で映画を作るしかなかった。

山田 撮影所ではね、映画の撮り方みたいなのを習うわけです。でも、習うことの良さはもちろんあるけれど、習う必要もないこともいっぱい教え込まれるわけですよ。どっちが良い悪いというのは、一概には言えません。

大林 撮影所では習っていないけど、古い映画を見ることで勉強してましたね。

山田 本当に優れた作品から、大林さんは直接に学んでいたんだな。僕らは、大して才能のない先輩から間違った教育を受けてきたから（笑）。

大林 山田さんは何年助監督していらしたんですか。

山田 7〜8年やりましたかね。

大林　そんなに長くなさったんですね。大林が「ＨＯＵＳＥ　ハウス」を撮った時にはね、チーフ助監督が小栗康平さんだったんですよ。

――また作風がずいぶん違う（笑）。

山田　面倒くさいチーフでした？（笑）。

大林　小栗ちゃんは、外の世界から大林が監督として入ってきて「何をやるんだろう。どうやるんだろう」っていうことにものすごく興味を持っていて、大林に付くことを自分から名乗り出たんだそうです。本人がそう言ってました。

山田　ああ、小栗さん自身が「俺がやる」ってね。なるほど。「ちょっと見てやろう」っていう感じですね。

大林　意地悪な感じだったかもしれませんね。映画界の人たちはみんな「ＣＭのディレクターに何ができるんだ」という目で見ていましたから。でもね、小栗ちゃんは、本当によくやってくださったんです。

山田　ほら、松竹大船撮影所に、東宝から若き黒澤さんがやって来て、「醜聞〈スキャンダル〉」（50年）を撮ったでしょう？　あの頃はそうだったのよ。松竹映画は松竹の社員監督が撮っていたからね。黒澤さんが大船に来てもいいかどうかって、まず監督会で議論をしたらしい。黒澤くんは「野良犬」（49年）なんてすごい映画作ってるし、まあいいだろう、と。最後に小津さんが「しかし、松竹大船で映画撮るなんて、黒澤くんもいい度胸だな」っておっしゃったとか（笑）。

――黒澤さんでもそんな見られ方だったたんですね。

山田　大船のスタッフたち、特に演出部の助監督なんかが「さあ、黒澤明を見てやろうか」というね。でもね、みんなびっくりしたって言うの。どうびっくりしたかって、黒澤さんはもう、なりふり構わず苦しみ抜いて作るわけ。松竹の監督っていうのはね、職人という意識が強いから、現場で苦しんだりしちゃいけない。

大林　そうなんですね。

山田　さらさらさらっと、さりげなく撮るのが名監督だというね。小津さんなんかも現場で苦しんだりしません。ところが、黒澤さんは苦しみ抜いて、「どうすりゃいいんだ。助監督、君たちも黙ってないで何か言いなさいよ」と。その時の某助監督は、はっきり言ってあまり才能のない人だったんだけど（笑）、しょうがないから「こんなヌードのポスター貼ったらどうですか」とか言ったらしい。

大林　そうしたら？

山田　そうしたら、「馬鹿野郎、そんな下らないことを聞いてんじゃない！」と怒鳴られた（笑）。あとで彼は「黒澤さんがあんまり言え言えというから、しょうがなく言ったのに、怒りやがるんだ」と嘆いていたそうだけど。でも、その黒澤さんの気持ち、痛いほどわかる。松竹ってのは、伝統工芸的な作り方をするから、師匠は偉くて、弟子はみんな黙ってその通り従う、という感じだから。黒澤さんは何と言うのか、もっと民主的なんだな。わいわい言いながら作るのがいいんだという考え方だったんだね。それは、僕と親しくなってもおっしゃってました。「みんなで一緒になって作るんだよ。だから、みんな俺んちに来いよ。酒飲んでいけよ」って。日本の映画を面白くするにはそれしかないんだから。

大林　よく集まって、お酒を飲んでましたよね。黒澤さんちで。御殿場にもよく呼んでいただきました。

山田　御殿場の別荘ね。黒澤さんの配慮だね。みんな集まって、仲良く酒飲もうよ、っていう。

大林　一度ね、御殿場にお呼ばれした時に、ちょっと早く失礼しなくちゃならなくて先に帰ったことがあったんです。そしたら、あとから黒さんが「大林くん、何か僕のこと気になったのかな」と言ったそうです。もちろんそんなことはないのに。黒澤さん、とても繊細な方です。

山田　大巨匠なのに、そういうところはすごく気にしますね。ナイーブなんですよ。

大林　大林は、サントリーのコマーシャルで黒澤さんを撮っているんです。

山田　あの有名なＣＭ？　あれ、大林さんがお撮りになったの？　ああそうか。
大林　それで初めてお目にかかって。黒澤さんから「大林君がやってくれるんならいいよ」って。それ以来のお付き合いなんです。
山田　なるほど。やっぱり、黒澤さんは大林さんが好きだったね。いかにも好きになりそうだ、黒澤さんが。
大林　すごい仲良かったです。
――みんなで集まってワイワイ飲むというのが、今の「シネマ会」に繋がっているんじゃないですかね。
山田　そう、その思想はね。大事な思想で。
大林　そうですね。大林もわいわいやるのが好きでした。監督っていうのは、撮影が終わったら、スタッフに遠慮して早めに帰るものなんですけど、大林は最後までスタッフと一緒に飲んでましたね。
山田　大林さん、お酒飲むからね、僕は飲めないから。
大林　本当はね、スタッフは早く監督が帰ってくれるといいのに、と思ってるはずなんですよ（笑）。

たか。

＊

――山田さんは、大林さんのデビュー作の「ＨＯＵＳＥ　ハウス」を見た時、驚かれましたか。

山田　そりゃもう、ほんと、びっくりした。僕たちの考えている映画の概念に当てはまらない。大林さんは、最後の映画までそうでしたね。思いのままに、いろんなショットがボンボン入ってくる。最初は見ていて混乱してきちゃうのね、僕らは。

――大林さんも助監督に入って習っていたら、全く違う作風になったかもしれません。

山田　う〜ん。どうですかね。まあ、大林さんは変わっていなかったかもしれないな。大林さんぐらいの強い個性があればね、撮影所システムの中でも、ああいう映画を作ってたかもしれない。

大林　私たちが映画を作り始めたのは、ちょうど個人映画が始まった頃でした。資金集めから上映まで、全部を自分でやらないといけませんでした。

山田　そういう道を大林さんが切り開いたんだよね。それにしても、「ＨＯＵＳＥ」には本当にびっくりしました。

大林　こんなのは映画じゃない、とよく言われました。

山田　法則をめちゃくちゃに破ってしまうから。だから、僕らには想像できないような発想がパアッと出てくる。悪く言えば乱暴だけど、よく言えば奇想天外。大林さんがああいう大胆なモンタージュを見せてくれて、「ああ、こんなことをやっても大丈夫なんだな」って思いました。晩年の作品でもまた、実験的だなと僕らが思うようなことをどんどんやっていらっしゃった。大林さんの映画には本当に刺激を受けています。実は、今度の「こんにちは、母さん」という映画でね、かなり大林さんを真似しているんですよ。今頃になって(笑)。

大林　そうでしたか。私はね、「母と暮せば」のね、台所のシーンが好きなんです。台所の扉の向こうが戦場だというね。

山田　ああいうショットは、大林さんだったら、もっと面白く撮れるんですよ。

大林　なんか胸にじーんときました。

山田　大林さんにもっと聞いておけばよかったんだな。そういう作り方をしろと黒澤さんが言ってたんだよ。「君、ちょっと一緒に考えてくれよ」「それはこう撮ればいいんですよ」「なるほどな」というね。それがいいんだ、映画は。

大林　山田さんの映画、大林も大好きだったんです。「男はつらいよ」も好きだし、ほかにも「家族」(70)だとかいろんな素晴らしい作品があるじゃないですか。山田監督のことをとても尊敬していました。

＊

――大林監督の遺作となった「海辺の映画館―キネマの玉手箱」の初号試写で、上映の後に山田さんがご挨拶されて「監督というのは年を取るほど調子が悪くなるものだが、一番良いものをお作りになった」とおっしゃったのが忘れられません。

大林　私も感動しました。涙が出ました。

山田　大林さんのように、あんな風にだんだん花火が弾けるように大きくなってくるっていうかな、華やかになっていくっていうか。驚くべきことだと思いました。ポルトガルのマノエル・ド・オリヴェイラっていう人は１００歳を超えても映画を撮って

「海辺の映画館―キネマの玉手箱」初号試写にて

いましたけれども、やっぱり枯れてきていたね。大林さんみたいに、華やかにはなかなかなっていきませんよ。

大林　やりたいことがいっぱいあったから。

――病気になられてからも「あと30本撮る」と話されてましたね。その本数がどんどん増えていく（笑）。これはどうも本気だなって思いました。

山田　うーん、30本かあ。

大林　30本は撮るって言ってましたね。

＊

――「この空の花―長岡花火物語」以来、晩年の4作品には戦争に対する「NO」が極めて強い調子で出てきます。

山田　本当に戦争を憎んでいらしたね。

2020年1月9日、82歳の最後の誕生日。左から娘婿・森泉岳土、山田監督、娘・千茱萸、大林夫妻

それが大林さんの知性だと思うんです。今の世の中にとって、とても大事なことだから。戦争に反対することがどんどん大事になってきているっていうか、そう言わざるを得なくなってきた。

大林　故郷の尾道市は広島県だけど、大林は原爆の被害に直接は遭っていません。ただ、尾道の実家の下に山陽線が通ってるんですけど、原爆が落とされた後、焼け出された人たちが広島の方から線路沿いをずっと歩いている。大林は、それは目にしたみたいです。結構ショックだったと聞きました。あんまり言いませんけれど。

山田　汽車もろくに動かないから、被曝者は歩くしかなかったんですね。一方で、それを見た大林少年は、自分にはちゃんと住む家があって、温かい布団があって。だけど、この人たちはどうだ、という心の痛みみたいなものがね。大林さんはその少年時代の痛みを、いつまでも大事に持っていた、っていうかな。それが大林さんの素晴らしさ。それが今、戦争についてきちんと「反対」と発言しなきゃいけない時代になってきたんだっていう思いにつながります。

大林　そうですね、戦争になると、何にもなくなっちゃうわけですからね。

山田　大林さんが生きていたらいいなあと思いますね。今こそ、いろんな、いろんな話がもっとしたかった。

大林　……してほしかった。ちょっと早すぎましたね。
——そうですね。大林監督にはもっともっと映画を作ってもらわないといけない時代が来ていますから。
山田　日本の映画界がとても厳しいというか危い状態になってる。今、僕たち何ができるか。あるいは何をしなきゃいけないかっていうか、それをとても考えないといけない。
大林　そうですね
山田　下手をすると、日本映画が消えちゃうかもしれない。日本の映画を見なくたって、ネットフリックスで韓流ドラマを見てりゃいいや、みたいなことになりかねないからね。実際、韓流ドラマはどんどん面白くなっているしね。僕もよく見るんだ。うわあ、敵わないって感じだな。
——どうしてこんな状況になっているんでしょうか。
山田　やっぱり、国家的な問題です。韓国は国の政策として映画文化を大事にするんだ、っていう大方針があったわけでしょ。文化予算だって、韓国と日本では0が一つ違う。それじゃ、負けちゃいますよ。戦闘機やミサイルを買ったりする代わりに、演劇や映画や文学や絵画に予算を使わないと。元々、日本の文化は世界の人々をあっと言わせるだけの力を持っていたはずなんですよ。

――それ、実はすごい武器になるんですけどね。

山田　そう。北斎もいいけどさ、やっぱり今生きてる芸術家が、大活躍しなきゃいけないんじゃないのかな。

坂本龍一さんも、大江健三郎さんも亡くなっちゃったし。世界に通用する芸術家だんだんこの国から消えつつある。大問題です。黒澤さんの映画も小津さんの映画も世界一だったわけですよ。ついこの間まではそういう時代だった。韓国や中国の映画人は日本映画で勉強をしたはずです。ところが今、僕自身も、ぼんやり口を開けて韓流ドラマを見ている。これはまずいなと思う。困ったなと思います。そんなことを、大林さんともっともっと話したかったよ。

あとがき

――ひとは、約束する。
出逢うために、
共に生きるために、
そして、――
ときには、
「さようなら」を
言うために。

監督がロケハンに出かけて、3年になります。最近、監督の机や本棚から、いろいろなメモが出てきます。たくさんの言葉が残されています。

この度の本のタイトル「笑顔と、生きることと、明日を」は、亡くなる1ヶ月前、入院中の監督に何か持ってきて欲しいもの、あるかしらと聞いた時の監督の言葉です。その夜、私はひと晩中涙とまりませんでした。入院の日からお家に帰りたいと言い続け、10日後には退院。退院から20日後、最後の日の朝を忘れません。4月10日、その日は家の前の八重桜が満開。ベッドから窓一面の桜に目をやり、「今年も綺麗に咲いたね」その日の夕方、監督は長いロケハンに旅立ちました。

大学時代に出逢い、共に生きた62年、本当の恋人は映画だったのではと思える程、監督の映画愛は素敵でした。映画に夢中の監督が、私は大好きでした。そして、人として生きるということの何かをいつも考えさせてくれました。いつも穏やかな笑顔、時折、困惑の表情はあっても、怒ったことはなかったと思います。

大林の両親、私の両親は、私にとっては大切なひとたち。どちらも第二次世界大戦中に、人生の大切な時期を生きたひとたちです。大林の父は軍医で戦地に。戦争は嫌い、でも軍医としてなら、戦地で敵をも助けることができるかもしれないと思ったそうです。その言葉、私の心に住みついています。私の父は長男を海軍航空隊で失くし、東京大空襲で家もすべてを失いましたが、最後まで穏やかな表情を失くさず、私に「フロンティアスピリット」と「エポックメイキング」という大切な言葉を残してくれました。大林の母からは、女としての華やかさ、私の母からは、人としての優しさを教わり、育ちました。

忘れられない光景があります。大林が亡くなりました時、いち早く駆けつけてくださった山田監督の映画愛に満ちたお姿です。いつも優しく見守っていてくださり、心から感謝致しております。

そして、「転校生」で初めてご一緒した若葉ちゃん、後に、大林作品にはかかせない女優さんになりましたね。若葉ちゃんの笑顔と、お喋りにはいつも癒されました。

朝日新聞社の石飛徳樹さん、春陽堂書店の清水真穂実さん、お二人の監督への熱い思いから、62年の長い間、監督と共に過ごした私に興味いただき、このような機会をいただきましたこと、感謝申し上げます。ありがとう。

大林恭子

2018年 「海辺の映画館—キネマの玉手箱」撮影時 尾道にて（厚木拓郎さん提供）

1996年――三毛猫ホームズの推理（35mm／127分／テレビ朝日／1998年にディレクターズカット版劇場公開 配給：PSC、ザナドゥー）
日曜洋画劇場（オープニングタイトル／ビデオ）
1998年――ＳＡＤＡ～戯作・阿部定の生涯（35mm／132分／配給：松竹）
風の歌が聴きたい（35mm／161分／配給：ザナドゥー）
三毛猫ホームズの黄昏ホテル（TV）（35mm／127分／テレビ朝日）
マヌケ先生（35mm／89分／中国放送／2001年劇場公開　配給：PSC）
1999年――あの、夏の日～とんでろ　じいちゃん～（35mm／123分／配給：東映）
淀川長治物語・神戸篇　サイナラ（35mm／106分／2000年劇場公開 配給：PSC）
2000年――にっぽんの名作・朗読紀行「忍ぶ川」（ビデオ／50分／NHK）
自由にならないもの プーチとわたし物語（35mm／47分）
2001年――告別（デジタルハイビジョン／120分／BS-i／2001年劇場公開　配給：BS-i、オフィス・シロウズ）
2002年――なごり雪（35mm／111分／配給：大映）
2004年――理由（35mm／160分／WOWOW／2005年日テレヴァージョン放映／2004年劇場公開　配給：アスミック・エース）
2006年――嘘つき（CANCION PV／ビデオ／14分）
2007年――22才の別れ　Ｌｙｃｏｒｉｓ　葉見ず花見ず物語（35mm／119分／配給：角川映画）
転校生　さよならあなた（35mm／139分／配給：角川映画）
2008年――その日のまえに（35mm／139分／配給：角川映画）
2011年――この空の花－長岡花火物語（DCP／160分／配給：PSC、TMエンタテインメント）
愛と湧の歌の旅（松原愛・聖川湧 PV／ビデオ／9分）
2013年――So long！THE MOVIE（AKB48 PV／ビデオ／64分）
2014年――野のなななのか（DCP／171分／配給：PSC、TMエンタテインメント）
2017年――花筐／HANAGATAMI（DCP／169分／配給：新日本映画社）
2020年――海辺の映画館―キネマの玉手箱（DCP/179分/配給：アスミック・エース）

1986年——彼のオートバイ、彼女の島（35mm／90分／配給：東宝）
四月の魚 ポワソンダブリル（35mm／109分／配給：ジョイパックフィルム）
野ゆき山ゆき海べゆき（35mm／135分／配給：日本アート・シアター・ギルド）
裸足のシンデレラ　沢口靖子ドキュメント（70mm／15分）
1987年——漂流教室（35mm／104分／配給：東宝東和）
夢の花・大連幻視行（大連・尾道友港博覧会にて上映／ビデオ／30分）
1988年——日本殉情伝 おかしなふたり　ものくるほしきひとびとの群（35mm／108分／配給：アートリンクス）
異人たちとの夏（35mm／110分／配給：松竹）
モモとタローのかくれんぼ（瀬戸大橋博'88にて上映／ビデオ）
私の心はパパのもの（16mm／95分／1992年劇場公開 配給：東北新社、ギャラクシーワン）
BRACKET（KANのPV／ビデオ／3分）
香織の、一わたし　ものがたり。（坂上香織 PV／ビデオ／20分）
1989年——北京的西瓜（35mm／135分／配給：松竹）
NEIMAN'S WORLD JAPAN'88（リロイ・ニーマン PV／ビデオ／8分
1990年——花地球夢旅行183日（ビデオ）
映画の肖像　メイキング・オブ・「夢」（ビデオ／150分）
彼女が結婚しない理由（16mm／100分／1992年劇場公開　配給：東北新社）
1991年——ふたり（35mm／150分／配給：松竹）
1992年——青春デンデケデケデケ（35mm／135分／配給：東映）
1993年——はるか、ノスタルジィ（35mm／165分／配給：東映）
水の旅人　侍ＫＩＤＳ（35mm／106分／配給：東宝）
ロシアン・ララバイ（ビデオ／60分）
1994年——女ざかり（35mm／118分／配給：松竹）
1995年——あした（35mm／141分／配給：東宝）

商業映画以降

1977年──HOUSE　ハウス（35mm／88分／配給：東宝）
新・木枯らし紋次郎（オープニングタイトル／16mm／TV）
瞳の中の訪問者（35mm／100分／配給：東宝）
1978年──ふりむけば愛（35mm／92分／配給：東宝）
人はそれをスキャンダルという（第12話までのオープニングタイトルおよび第1話／16mm／TV）
ピンクレディージャンピング・サマーカーニバル（35mm）
1979年──金田一耕助の冒険（35mm／113分／配給：東映）
1980年──さよならロッキーの仲間たち（日本版）（35mm／70分）
いい旅チャレンジ20,000km／清水港線　旅の表情（16mm／30分／TV）
いい旅チャレンジ20,000km／阿仁合線　野の音（16mm／30分／TV）
いい旅チャレンジ20,000km／御殿場線　アメリカンパイ（16mm／30分／TV）
1981年──ねらわれた学園（35mm／90分／配給：東宝）
THE GOOD BAD GIRL（奥慶一 PV／ビデオ）
1982年──転校生（35mm／112分／配給：松竹）
可愛い悪魔（16mm／93分／TV）
1983年──時をかける少女（35mm／104分／配給：東映）
麗猫伝説（16mm／93分／日本テレビ／1998年劇場公開　配給：PSC）
恋人よわれに帰れ　LOVER COMEBACK TO ME（ビデオ／120分／TV）
廃市（16mm／106分／配給：日本アート・シアター・ギルド）
1984年──少年ケニヤ（35mm／104分／配給：東映）
天国にいちばん近い島（35mm／102分／配給：東映）
A FRAGMENT（高橋幸宏 PV／ビデオ／44分）
1985年──さびしんぼう（35mm／112分／配給：東宝）
姉妹坂（35mm／100分／配給：東宝）
多様な国土（科学万博つくば'85にて上映／70mm／15分）

フィルモグラフィー

個人映画時代

1944年―ポパイの宝島（35mm／1分）
1945年―マヌケ先生（35mm／3分）
1952年―キングコング（35mm／2分）
1957年―青春・雲（8mm／30分）
だんだんこ（8mm／11分）
眠りの記憶（8mm／30分）
1958年―絵の中の少女（8mm／30分）
1960年―木曜日（8mm／18分）
1961年―中山道（8mm／16分）
1962年―T氏の午後（8mm／25分）
形見（8mm／17分）
1963年―尾道（8mm／17分）
喰べた人（16mm／23分）
1964年―Complexe＝微熱の玻璃あるいは悲しい饒舌ワルツに乗って葬列の散歩道（16mm／14分）
1966年―ÉMOTION＝伝説の午後・いつか見たドラキュラ（16mm／38分）
1968年―CONFESSION＝遥かなるあこがれギロチン恋の旅（16mm／70分）
1969年―てのひらの中で、乾杯！キリンビールのできるまで（短編PR用）（16mm／25分）
1970年―海の記憶＝さびしんぼう・序（16mm／20分）
1971年―オレレ・オララ（16mm／20分）
ジェルミ・イン・リオ（16mm／18分）
1972年―スタンピード・カントリー（16mm／35分）
ハッピー・ダイナノサウルス・アルバム（16mm／15分）

■著者略歴

大林恭子　おおばやし・きょうこ

1938年東京生まれ。映画プロデューサー。成城大学文芸学部英文学コース卒。58年、大学で大林宣彦と出会い、62年の間、公私ともに歩み映画作りを行う。76年、映画製作会社「PSC」設立。2003年、「なごり雪」の制作に対する功績と、半世紀にわたる映画活動に対して、第22回藤本賞特別賞受賞。「花筐／HANAGATAMI」公開の翌18年、第41回山路ふみ子映画功労賞、20年第75回毎日コンクール特別賞受賞。

石飛徳樹　いしとび・のりき

1960年大阪生まれ。朝日新聞編集委員。神戸大学法学部卒。84年、朝日新聞社に入社。校閲部、前橋支局などを経て、文化部で映画を担当している。2020～22年、書評委員を兼任。著書に「名古屋で書いた映画評150本」、編著に「もういちどあなたへ　追憶　高倉健」。聞き書きに樹木希林「この世を生き切る醍醐味」、蓮實重彦「見るレッスン　映画史特別講義」。「キネマ旬報」「映画芸術」「文藝春秋」などにも執筆。

笑顔《えがお》と、生《い》きることと、明日《あした》を
大林宣彦との六十年

2023年11月25日　初版第１刷発行

著　者　大林恭子《おおばやしきょうこ》
聞き手　朝日新聞編集委員　石飛徳樹《いしとびのりき》
発行者　伊藤良則
発行所　株式会社春陽堂書店
〒104-0061
東京都中央区銀座3丁目10-9 KEC銀座ビル
https://www.shunyodo.co.jp/
TEL:03-6264-0855（代表）

印刷・製本　ラン印刷社

＊乱丁本・落丁本はお取り替えいたします。
＊本書の無断複製・複写・転載を禁じます。

ISBN 978-4-394-98004-9
C0095
©Kyoko Obayashi 2023 Printed in Japan

2018年　目黒シネマにて（竹内悦子さん提供）